教育部人文社会科学研究项目（20YJC890025）

我国竞技体能教练核心素养研究

唐新宇 著

中国广播影视出版社

图书在版编目（CIP）数据

我国竞技体能教练核心素养研究 / 唐新宇著. -- 北京：中国广播影视出版社，2023.6
ISBN 978-7-5043-9053-0

Ⅰ.①我… Ⅱ.①唐… Ⅲ.①体能－身体训练－教练员－能力培养－研究－中国 Ⅳ.① G808.14 ② G811.34

中国国家版本馆 CIP 数据核字（2023）第 119915 号

我国竞技体能教练核心素养研究
唐新宇 著

责任编辑	王 佳
装帧设计	马静静
责任校对	张 哲

出版发行	中国广播影视出版社
电 话	010-86093580　010-86093583
社 址	北京市西城区真武庙二条9号
邮 编	100045
网 址	www.crtp.com.cn
电子信箱	crtp8 @ sina.com

| 经 销 | 全国各地新华书店 |
| 印 刷 | 北京亚吉飞数码科技有限公司 |

开 本	710毫米 × 1000毫米　1/16
字 数	230（千）字
印 张	14.5
版 次	2024年3月第1版　2024年3月第1次印刷
书 号	ISBN 978-7-5043-9053-0
定 价	68.00元

（版权所有　翻印必究·印装有误　负责调换）

目 录

1 绪论 …………………………………………………………… 1
 1.1 选题依据 ………………………………………………… 1
 1.2 研究问题的提出 ………………………………………… 5
 1.3 研究目的与意义 ………………………………………… 7

2 文献综述 ……………………………………………………… 10
 2.1 核心概念 ………………………………………………… 10
 2.2 国内研究现状 …………………………………………… 13
 2.3 国外研究现状 …………………………………………… 17
 2.4 研究理论基础 …………………………………………… 24
 2.5 文献综述述评 …………………………………………… 25

3 研究设计 ……………………………………………………… 28
 3.1 研究对象与方法 ………………………………………… 28
 3.2 研究思路与技术路线 …………………………………… 29

4 基于质性研究的我国竞技体能教练核心素养模型构建 …… 32
 4.1 方法 ……………………………………………………… 32
 4.2 结果与分析 ……………………………………………… 38
 4.3 讨论 ……………………………………………………… 58
 4.4 小结 ……………………………………………………… 80

5 我国竞技体能教练核心素养模型的验证与确立 …………… 81
 5.1 方法 ……………………………………………………… 81

  5.2 结果与分析 ··· 85
  5.3 讨论 ··· 118
  5.4 小结 ··· 121

6 我国竞技体能教练核心素养的群体差异研究 ················· 122
  6.1 研究方法 ··· 123
  6.2 结果与分析 ··· 124
  6.3 讨论 ··· 145
  6.4 小结 ··· 150

7 我国竞技体能教练核心素养的影响因素研究 ················· 152
  7.1 研究假设 ··· 152
  7.2 研究方法 ··· 154
  7.3 统计方法 ··· 155
  7.4 结果与分析 ··· 155
  7.5 讨论 ··· 168
  7.6 小结 ··· 172

8 我国竞技体能教练核心素养提升策略 ························· 173
  8.1 加快制定我国竞技体能教练专业素养标准 ············· 173
  8.2 建立基于专业素养标准的竞技体能教练资格认证
    体系 ··· 174
  8.3 建立专家和竞技体能教练专业合作的学习共同体 ····· 177
  8.4 建立竞技体能教练核心素养发展继续教育体系 ········· 179
  8.5 优化竞技体能教练的职业发展环境 ····················· 182

9 研究结论 ··· 184

参考文献 ·· 186

附录 ·· 207
  附录A 专家访谈提纲 ··· 207
  附录B 我国竞技体能教练核心素养构成预试量表 ········· 208

附录C　我国竞技体能教练核心素养构成正式量表 …………… 211
附录D　我国竞技体能教练核心素养现状调查 ……………… 214
附录E　我国竞技体能教练成就动机和职业环境调查量表 …… 219

后记 …………………………………………………………… 222

1 绪 论

1.1 选题依据

在信息化时代,运动员的技战术水平越来越接近,体能成为夺取比赛胜利的关键;没有体能的保证,技战术也无从发挥,而竞技体能教练的核心素养是直接决定运动员体能水平的主要因素。

体能训练作为不断挖掘运动员潜能的科学工程,作为不断提高运动员运动表现的系统工程,作为运动员防伤防病的关键工程[1],其表现水平呈现出精细化、个性化、数字化和专业化等特点。竞技体能教练已经成为促进运动项目可持续发展,提高运动员运动表现和竞技能力的重要人才。只有高素养的竞技体能教练,才能给运动员提供高质量的体能训练指导,才能安全有效地促进运动员体能水平提升。毕竟,再先进的体能训练理念和高级的体能训练设备,唯有通过竞技体能教练才能有效地发挥效用。因此,如何提高竞技体能教练的核心素养,是我们不得不面对和探索的问题。核心素养作为竞技体能教练在竞技体育从事体能训练的必备品质和关键能力,对提高体能训练质量具有统率作用,对竞技体能教练专业能力发展具有引领作用。然而,目前我国在竞技体能训练领域对运动项目体能训练的特点、规律和方法研究较多,对竞技体能教练应具备能力和素质研究较少,对竞技体能教练核心素养的研究更是没有。因此,本研究以核心素养为视角,开展我国竞技体能教练核心素养研究,对提高我国竞技体育体能训练质量和促进我国竞技体能教练专业化发展,具有非常重要的理论意义与现实意义。

1.1.1 国家需求:核心素养是竞技体能教练服务国家体育战略的助力

一个国家竞技体能教练的发展必然要与国家竞技体育战略联系在一起,国家的竞技体育政策体现了整个国家的体育发展走向,起着引领作用。目前,我国国家竞技体育战略相关的主要有"奥运争光"和"体育强国"两大战略,两大战略的实施离不开竞技体能教练的助力。如2019年8月,国家颁布的《体育强国建设纲要》明确提出,通过构建科学合理的训练体系,提升竞技体育的综合实力,到2035年实现我国竞技体育更好、更快、更高、更强的战略目标。2022年党的二十大明确提出了"促进群众体育竞技体育全面发展,加快建设体育强国"。这不仅是对我国竞技体育高质量发展整体规划的要求,也是对我国竞技体能教练素养整体提升的要求。

体能训练作为竞技体育的基石,其水平决定着我国竞技体育发展的水平,影响着"奥运争光"的实施和"体育强国"的建设。竞技体能教练作为竞技体能训练的组织者、指导者和管理者,其核心素养水平对体能训练质量起着决定性的作用,直接制约着运动员体能水平和运动表现,决定着我国体能训练整体水平的发展,从而影响着"奥运争光"和"体育强国"两大体育战略的实施与推进。长期以来,我国运动员存在着基础体能薄弱、专项体能不强的现象,不仅影响着我国备战奥运会和世锦赛等国际赛事的进程,也影响着我国从"体育大国"迈向"体育强国"。运动员体能水平不高、长期欠"体能债",这是很多原因造成的,而根本原因在于竞技体能教练的核心素养水平不高。因此,加快构建我国竞技体能教练核心素养指标体系,不仅是竞技体能教练核心素养水平提升的需要,也是竞技体能教练更好助力"奥运争光"和"体育强国"等国家体育战略建设的需要。

1.1.2 内在需求:核心素养研究和发展的内在需求

21世纪不仅是一个知识更新速度不断加快的时代,也是经济全球化、国际化、信息技术飞速发展的时代,给工作、生活和学习带来了持续性的改变。核心素养作为适应21世纪社会发展和专业发展的关键能力和必备品质,其重要程度越来越高,必将成为不同专业领域关注的热词。目前,国内外对核心素养的研究主要集中在基础教育领域,研究对象多为教师和学生等群体,而在体育领域核心素养研究还较少,主要涉及体育教师、体育教育专业学生等群体且研究内容深度不够,具体到竞技体育领域,如关于教练核心素养、竞技体能教练核心素养的研究还没有。竞技体育作为促进社会发展的主要力量,竞技体能教练在这其中发挥着不可忽视的作用。竞技体能教练的核心素养水平作为影响着竞技体育发展的主要因素,进而在一定程度上影响社会的发展。同时,随着现代竞技体能训练对科学化要求不断提高,体能训练对竞技体能教练要求不仅限于专业知识和专业能力,还要求竞技体能教练具备学习、反思、科研和创新等方面的能力。因此,竞技体能教练核心素养研究应当成为我们关注的问题,不仅是竞技体能教练自我发展的需求,也是体育从业者自身核心素养发展的需求。

目前,虽然有关核心素养的研究已有大量成果,但是对核心素养概念和内涵还没形成统一的共识。在竞技体能教练核心素养方面还没有学者进行研究,没有成熟的研究成果可供参考,本研究将在把握核心素养本质的基础上对我国竞技体能教练核心素养进行深入研究。在核心素养研究不断深入的背景下,在竞技体育领域认识到竞技体能教练核心素养研究的重要意义,对完善核心素养研究体系,明确竞技体能教练核心素养模型框架,全面提升竞技体能教练核心素养水平,提高竞技体育体能训练质量具有积极的推进作用。

1.1.3 现实需求:我国竞技体能教练整体素养有待提高

随着社会经济发展,我国竞技体育得到了快速发展,但是我们又面临着一个现实问题:相对于我国竞技体育长远发展而言,我国对高水平教练的需求相对滞后,特别是教练员的创新能力、综合素质是制约我国竞技体育水平快速提高的瓶颈[2]。另外,我国从2008年北京奥运会51块金牌,到2012年伦敦奥运会38块金牌,再到2016年里约奥运会26块金牌,短短8年时间我国金牌总数出现了断崖式下滑。国家体育总局从不同层面,全面分析我国竞技体育综合实力下降的原因,主要原因之一是我国体能训练水平质量有待提高,而根本原因是竞技体能教练的综合素养亟待提高。

为此,国家体育总局为高效备战东京奥运会和北京冬奥会,不得不向全球招募近百名国际体能教练,并在2019年国家体育总局专门召开了备战2020年东京奥运会体能工作会议,明确指出体能训练在备战东京奥运会的关键地位和核心作用,要加强体能训练团队的建设和考核。2020年,国家体育总局办公厅颁布的《关于进一步强化基础体能训练恶补体能短板的通知》明确指出,运动员体能测试不合格不能参加奥运会选拔测试,要求从国家队训练到青少年训练都要重视体能训练,形成体能训练全国一盘棋,由此可以看出国家对体能训练的重视达到了前所未有的程度。为此,国家体育总局采取了一系列措施,如开展体能大练兵、实施"铁人体能"计划、体能比赛进全运会、制定不同级别和项目的体能测试达标标准、国家队体能教练培训等,其根本目的在于提高我国运动员基础体能和专项体能水平,全面提升我国竞技体育的体能训练科学化水平,能在奥运会和世锦赛等国际比赛中战胜对手、取得优异成绩。

这些举措虽然让运动员体能水平得到改善和提高,但是不能从根本上扭转我国长期以来存在运动员体能薄弱的现实问题,其根本原因在于我国竞技体能教练整体素养有待提高。一直以来,我国竞技体能教练整体素养偏低是个难以解决的沉疴痼疾,主要表现在素养方面的欠缺,如信息素养、学习素养、科研素养、创新素养等方面,这容易导致竞技体能教练出现职业倦怠和职业枯竭的现象发生。竞技体能教练作为竞技体育体能训练活动的组织者和指导者,其个人素养的发展是保障体能训练质量、提高体能训练效率的重要前提和基础。因此,加强竞技体能教练核心素养的研究,不仅是促进我国竞技体能教练队伍素养水平的有效途径,也是提高我国竞技体能训练整体水平的有效措施。

1.1.4 专业化发展需求:核心素养是竞技体能教练专业化发展的基础

核心素养不仅是竞技体能教练执教能力的基础,也是竞技体能教练专业化发展的基础。竞技体能教练的核心素养水平对于运动员的体能训练有着重要的作用,是衡量竞技体能教练训练水平的主要因素,也是评价体能训练质量的重要指标。竞技体能教练如果核心素养水平较低,在训练中必然会捉襟见肘,更谈不上游刃有余。就竞技体能教练而言,竞技体能教练的训练行为受他所拥有的核心素养所支配,而竞技体能教练的训练效果直接受竞技体能教练的训练行为影响。可见竞技体能教练的核心素养直接影响体能训练效果,即竞技体能教练核心素养与体能训练效果呈正向关系。

竞技体能教练的核心素养对其体能训练有着全面的影响,如对体能训练的认知、对体能训练手段创新的使用以及沟通对训练效果的作用等。如果竞技体能教练核心素养有所欠缺,即使在训练中出现了问题,也不会自知;即使在训练中发现了问题,也无法用正确方法帮助运动员纠正和避免错误。在信息化和智能化时代,对竞技体能教练的核心素养要求会更高,不是一成不变的,而是动态的、持续的和终身的。

核心素养作为评价竞技体能教练专业能力的依据,为竞技体能教练专业发展提供了清晰的目标和指南,激励竞技体能教练不断进行自我改进,对竞技体能教练专业发展具有引领作用。通过建立竞技体能教练核心素养标准,不仅可以引导竞技体能教练的专业发展和专业成长,而且能指引竞技体能教练向职业化和专业化方向发展,对竞技体能教练专业化可持续性发展具有非常重要的意义。因此,作为竞技体能教练应该知道什么以及怎样表征他们的核心素养对运动员运动表现提升和竞技能力发展的至关重要性,而研究竞技体能教练的核心素养结构和表征是促进竞技体能教练专业发展的有效手段和必由之路。

1.2 研究问题的提出

在不同的时代,社会对人的需求是不一样的。20世纪,人们整体文化水平较低,知识不足是最大的"痛点",让人们有知识,是当时社会的普遍需求,这个时期被看作是"知识本位"时代。进入21世纪后,人们的文化水平有了长足的进步,对能力需求成为社会的共识,社会进入了"能力本位"时代。2016年9月,我国正式发布《中国学生发展核心素养》。之后,《普通高中体育与健康课程标准》(2017年版)中提出了体育与健康学科核心素养这一重要概念,标志我国进入了"素养本位"时代,社会对人的需求,不只是要求具有基本的知识或能力,而是对人提出更高的诉求,要求具备相应的素养。由此可知,我国已经历了知识本位和能力本位两个时代,现已进入"素养本位"时代。

在"素养本位"时代,素养是促进个体发展的内在驱动力,它代表了个体的实践性、主观能动性、创新性和发展性。国内外学者对素养的内涵、结构以及素养的发展等问题做了研究。近些年,学者们开始关注核心素养在个体发展中的重要作用和价值。查阅相关文献可知,国内学者对于核心素养研究主要在学生核心素养、教师核心素养等方面,通过学生和教师核心素养构成要素、发展机制、培养路径等方面进行研究,以提高学生和教师的核心素养水平。目前,关于竞技体能教练的研究主要集中在竞技体能教练应具备哪些知识、能力等方面,但只进行了描述性分析,没有进行深层次分析。对竞技体能教练核心素养的研究还没有,但是核心素养对竞技体能教练专业化发展起着关键作用,是竞技体能教练实现专业化发展的必由之路。因此,对于竞技体能教练核心素养的研究已成为时代的诉求。

本研究主要提出的问题是:竞技体能教练核心素养的结构和内涵是什么?需要探讨下面5个问题:

(1)对竞技体能教练的角色期待如何反映到竞技体能教练核心素养结构中,它包含哪些核心素养,其维度、因素和要义是什么?

(2)构建竞技体能教练核心素养结构能否反映所要测量的心理特质?

(3)我国竞技体能教练核心素养群体差异如何?

(4)我国竞技体能教练核心素养主要前因变量(影响因素)有哪些?竞技体能教练职业环境、成就动机与竞技体能教练核心素养相互影响关系和作用机制如何?

(5)如何提高我国竞技体能教练核心素养水平?

1.3 研究目的与意义

1.3.1 研究目的

(1)通过参考核心素养研究相关成果,明确我国竞技体能教练核心素养的概念、本质、特征。

(2)通过构建我国竞技体能教练核心素养结构模型,为我国竞技体能教练核心素养的评价提供基本参考,为选拔合格竞技体能教练提供基本依据。

(3)通过了解我国竞技体能教练核心素养的发展现状与影响因素,制订提升我国竞技体能教练核心素养的发展策略。

1.3.2 研究意义

1.3.2.1 理论意义

(1)有助于拓宽我国竞技体能教练的研究领域

竞技体能教练核心素养的研究是竞技体能教练研究的基本范畴和主要内容。目前,在已有的研究中,大多是从某一角度运用描述性的方法,来研究竞技体能教练应具备哪些知识和能力等,对竞技体能教练核心素养的研究还没有出现。本研究运用混合设计思维,以竞技体能教练核心素养的整体性发展视角,以全面、系统的视野来研究我国竞技体能教练核心素养,与已有竞技体能教练研究范式相比有了较大的超越,有助于拓宽我国竞技体能教练研究领域,引起社会对我国竞技体能教练发展的重视。

(2)有助于开阔我国核心素养的研究区域

目前,我国对于核心素养的研究主要集中在基础教育领域,为此国家专门出台了学生核心素养和学科核心素养两套指标体系,为学生和教师核心素养的培养和发展提供了清晰的目标。在竞技体育领域,关于教练员核心素养的研究目前还没有,更不用说竞技体能教练核心素养的研究。通过对竞技体能教练核心素养的研究,有助于开阔我国核心素养研究的领域,引起学者们对核心素养理论发展的再审视。

(3)为国家出台《竞技体能教练专业标准》提供理论依据

《竞技体能教练专业标准》是促进竞技体能教练专业成长的基本准则,是提高竞技体能教练质量的重要保障。我国体能训练行业虽然起步较晚,但是发展迅速,竞技体育和职业体育对体能教练的需求比较大。然而,由于目前还未建立《竞技体能教练专业标准》,使得我国竞技体能教练专业化道路进程缓慢、竞技体能教练教育体系和专业建设发展滞后,使得我国竞技体能教练的教育、培养、准入和认证缺乏统一标准,导致我国竞技体能教练教育质量堪忧,不能满足竞技体育和职业体育对竞技体能教练的需求。本研究构建的我国竞技体能教练核心素养模型,在某种程度上可以看作是《竞技体能教练专业标准》的雏形,为构建我国《竞技体能教练专业标准》提供理论依据。

1.3.2.2 实践意义

(1)有助于提升我国竞技体能教练整体素养水平

我国竞技体育体能训练水平不高的直接原因是竞技体能教练整体素养水平不高,其专业能力和素质水平满足不了运动员的体能训练需求。核心素养是竞技体能教练从事体能训练工作应具有的关键能力和必备品质,不仅直接决定着运动员的体能训练质量,而且直接影响着竞技体能教练的专业化发展。本研究通过构建竞技体能教练核心素养模型,不仅可以提高竞技体能教练解决问题的能力,而且可以为竞技体能教练的教育和培训提供参考,使得我们能在竞技体能教练教育、培养和培训中做到精准施策,从而真正提升我国竞技体能教练素养的整体水平。

(2)有助于提高我国竞技体能训练的整体水平

目前,虽然我国非常重视竞技体育体能训练,但是竞技体育体能训练水平与国际标准还有较大的差距,已成为我国竞技体育的短板。为此,2019年国家体育总局专门召开了体能训练工作会议,明确提出我国竞技体育体能训练水平要与国际标准接轨。竞技体能教练作为竞技体育体能训练的组织者、指导者和管理者，其核心素养水平直接决定我国竞技体育体能训练质量和效率。本研究通过建立竞技体能教练核心素养模型，竞技体能教练可以进行"对标"，发现自己的不足，有的放矢、重点改进，提高自己的核心素养水平，以此来提升我国竞技体育体能训练质量和效果，真正做到我国竞技体育体能训练整体水平与国际接轨。

(3)有助于推动我国竞技体能教练的专业化发展

信息科学技术的快速发展，不仅推动了我国竞技体育体能训练科学化、数据化、数字化和精准化的发展，也对竞技体能教练专业素养提出了更高要求。核心素养作为竞技体能教练从事体能训练工作应具备的关键能力和必备品质，是推动竞技体能教练专业化发展的直接动力。目前，我国竞技体能教练专业素养的整体水平，相比较欧美等体育强国来说还有较大差距，影响了我国竞技体能教练专业化发展。素养本位作为竞技体能教练专业化发展的标准，竞技体能教练可以根据自己的实际情况与核心素养指标进行"对标"，找到自己的短板和不足，明确确立自己的发展方向和学习目标，不断提升自己的核心素养水平，从而促进我国竞技体能教练专业化的快速发展。

2 文献综述

2.1 核心概念

概念是人脑对客观事物本质的反映,反映了事物不同于其他事物的特征。核心概念的界定是人们正确认识事物的起点,一定要清晰明确。

2.1.1 体能和体能训练

只有了解体能的概念,才能明确竞技体能教练应该具备哪些核心素养。体能是人体对环境适应过程所表现出来的综合能力,一般分为健康体能和竞技体能[3]。健康体能主要是以增进健康和提高基本活动能力为主,主要是针对普通大众;竞技体能主要是以提高运动表现和竞技能力为目标,主要针对的是国家队、省队和职业队的运动员。目前,国内外关于体能概念内涵研究主要集中在竞技体育领域,指的是竞技体能。随着竞技体育的发展,体能概念内涵也随之在变化。体能最早指的是运动员的身体素质[4-5],然后发展到体能包含运动员的身体形态、身体机能和运动素质三个部分[6-7],到现在发展到体能包括身体形态、身体机能、运动素质、身体功能和健康水平五个部分[8]。由此可知,在现代体能训练中,竞技体能教练要掌握多方面的知识和能力,不仅要懂训练,也要懂测试与评估,还要懂功能与恢复,这样才能从形态、机能、素质、功能和健康等方面给予运动员最佳的服务,从而真正提高运动员的运动表现和竞技能力。

2 文献综述

国内外对体能训练的研究已有很长一段时间,对体能训练概念的定义随着时代的发展和科技的进步在发生变化。田麦久(1999)认为,体能训练是指综合运用各种有效的训练方法与手段,改造运动员的身体形态,提高生理的机能水平,增进身体健康与发展各项身体素质[9]。黎涌明等人(2017)认为体能训练是教练指导运动员通过身体训练来保持、提升运动表现的过程[10]。英国体能协会认为体能训练的目的是提高运动员的运动表现,降低运动损伤发生风险,科学、有效的体能训练可以对运动员的运动表现产生积极影响[11]。美国体能协会认为体能训练是架起运动科学和训练实践的桥梁。

小结:体能分为健康体能和竞技体能,本研究体能指的是竞技体育领域体能,即竞技体能。随着竞技体育发展,体能的内涵已从单一维度发展到五个维度,这对竞技体能教练的知识、能力和品格要求相应的越来越高。国内外学者对体能训练的定义有所不同,但是其最终的出发点是一样的,即竞技体能教练运用科学训练手段和方法,来提高运动员的运动表现和预防运动损伤。本研究参考不同学者对体能训练的定义,将体能训练定义为:是竞技体能教练以运动科学原理为基础,基于全面的测试与评估,制订科学的训练计划并安全、有效地实施、提升运动员的运动表现。

2.1.2 竞技体能教练

根据体能教练的服务对象不同,体能教练可以分为五种类别:一是竞技体能教练,主要服务于国家队、省队、职业队等专业运动员的体能训练工作;二是军事体能教练,主要服务于军队、武警、消防等领域人员的体能训练工作;三是大众健身和中老年人体能教练,主要服务于大众健身和中老年健身体育等领域人员的体能训练工作;四是高校体能教练,主要服务于高校体育教学和运动队中的体能训练工作;五是青少年体能教练,主要服务于青少年在中小学体育教学、传统体育学校、青少年训练基地和体校的体能训练工作[12]。根据体能教练类别的划分标准,本研究的体能教练指的是竞技体能教练,具体指的是国家队、省队和职业队的体能教练,而非其他类别的体能教练。

不同的学者对竞技体能教练有不同的定义,但是其本质是一样,就是竞技体能教练要掌握体能训练相关知识和具备执教能力。Anthony等认为竞技体能教练不仅要制订并实施体能训练计划,还扮演着动作专家、运动表现专家等角色[13]。宋旭峰(2010)认为,竞技体能教练是指具有体能训练专业知识和能力,在运动训练中对运动员进行专门性的体能训练指导的专业人员。李春雷(2019)认为,体能教练是指运用科学知识训练运动员提高其运动表现的专业人士[14]。

小结:竞技体能教练是教练的重要组成部分,是社会分工的产物。不同的学者对竞技体能教练有不同的定义,但都指的是竞技体能训练中,以提高运动员的运动表现为目标。结合有关学者对竞技体能教练的定义,本研究将竞技体能教练定义为:是指在竞技体育中从事体能训练活动,以提高专业运动员运动表现为目标的专业人士。

2.1.3 核心素养

目前,学术界对核心素养的界定没有统一的标准,但是对核心素养内涵的理解基本一致。蔡清田、张华、左璜、杨向东等人认为核心素养是个体成长、实现自我、适应社会发展和成功生活的关键能力[15-18]。林崇德、钟启泉和辛涛等人认为核心素养是学生应具备的、能够适应终身发展和社会发展需要的必备品格和关键能力[19-21]。

本研究结合有关学者对核心素养的定义,将核心素养定义为:是指个体应具备的、能够促进个体适应职业和社会发展的关键能力和必备品格。

2.1.4 竞技体能教练核心素养

根据上述研究,本研究将竞技体能教练核心素养定义为:是指在竞技体育中从事体能训练活动并以提高专业运动员运动表现为目标的专业人士所应具备的、能够适应职业和社会发展的关键能力与必备品格。

2.2 国内研究现状

2.2.1 关于教练执教能力的研究

执教能力是评价教练水平的重要标准。已有研究指出,教练执教能力在一定程度相当于教练核心素养中的核心能力或关键能力。竞技体能教练是教练的重要组成部分,在本研究中通过对教练执教能力方面已有的研究成果进行分析,对于竞技体能教练核心素养研究中指标的选取将有一定的参考意义。通过中国知网、万方和维普等途径查询教练执教能力方面研究可知,我国在竞技体育领域教练执教能力研究起步较晚,主要集中在少数学者身上。尹军认为教练员执教能力由科研、专项训练、指挥比赛、创新等方面能力组成[22]。张鹏认为游泳教练员执教能力是由训练、科研、创新、教学等方面能力组成[23]。孔德杰认为跳水教练执教能力是由组织训练、比赛指挥、科研创新等方面的能力组成[24]。王峰认为教练员执教能力的理想追求应该是达到"真、善、美"[25]。钟秉枢认为高水平教练员的执教能力是由选材、制订训练计划、组织实施、科研等方面的能力组成[26]。

小结:我国目前在竞技体育领域关于教练执教能力方面的研究不是很多,还没有竞技体能教练执教能力方面的研究。教练执教能力研究主要集中在少数学者身上,在教练执教能力分类中有些能力是所有项目教练共有的,如训练能力、科研能力、创新能力,只是在不同项目中教练对这些能力侧重点和具体要求不同而已。竞技体能教练作为教练重要组成部分,也应该具备相应的训练、科研、创新等方面能力,这为我国竞技体能教练核心素养的指标体系的构建提供了参考和启示。

2.2.2 关于竞技体能教练的研究

目前,国内还没有关于竞技体能教练核心素养的研究,但是有些学者从我国竞技体能教练的发展现状和竞技体能教练素质等方面进行了分析。这些研究为我国竞技体能教练核心素养指标体系的构建提供了合理的借鉴和参考。另外,需要特别指出的是,目前在国内外竞技体育领域研究中,由于历史发展与用语习惯的原因一般用体能教练来代替竞技体能教练,换句话说,竞技体育领域中的体能教练就是竞技体能教练。

2.2.2.1 竞技体能教练发展现状研究

随着我国竞技体育和职业体育的快速发展,对竞技体能教练的需求越来越大,但是我国竞技体能教练的发展不容乐观。

黎涌明(2013)、陈小平(2013)、袁守龙(2018)、李春雷(2019)、高炳宏(2019)等国内知名体能/运动训练专家认为,由于我国缺乏体能教练相关政策制度保障,如无编制、无标准、无资格认证等,不仅是导致我国体能教练水平较低的主要原因,也是阻碍我国体能教练对专业化发展进程的重要因素[27-31]。魏飚和霍鹏翔(2013)则认为,在我国竞技体育体能教练对专业认同感不强、社会地位不高,是造成我国体能教练难以发展的主要原因[32]。赵炎(2018)认为,我国体能教练缺乏多学科的运动科学教育背景、扎实的实践经历,以及缺乏体能教练职业培训,是导致我国竞技体育体能训练整体水平不高的重要原因[33]。

小结:随着竞技体育竞争白热化和竞技体育赛事密集化,体能训练对运动员竞技状态的提升和保持具有不可替代的作用,使得竞技体育对体能教练的需求越来越大。但是,我国竞技体能教练处于缺乏竞技体能教练相关政策制度保障的发展环境,使得我国竞技体能教练的发展受到限制。因此,应完善我国竞技体能教练的保障体系,这样不仅可以最大限度提高我国竞技体能教练的专业素养,而且可以促进我国竞技体能教练的专业化发展。

2.2.2.2 竞技体能教练知识、能力和品质的研究

我国目前还没有关于教练员和竞技体能教练素养的研究,已有研究主要是从一名合格竞技体能教练应具备哪些知识和能力进行了简单的分析,并且研究主要集中在几名学者身上,研究虽然比较集中,但是不成体系。

在知识方面,已有研究都认为体能教练应具备运动科学知识、运动

训练学等学科知识和专项相关知识[34-35]。

在能力方面,国家体育总局(2014)认为我国体能教练应具备体能训练计划设计与实施能力,以及进行科学研究的能力[36]。李春雷(2019)认为一名合格体能教练应具备动作讲解示范能力、动作识别纠错能力、沟通交流能力、实操能力和创新能力等[37]。赵海波(2020)认为,体能教练应该具备较强的一般实践能力、专业实践能力和情景实践能力[38]。

在品质方面,已有研究指出体能教练要有良好的职业道德和职业精神,体能教练不仅应具备人文关怀精神,尊重运动员和爱护运动员,还应具备分享、自律、严谨、专注、耐心和敬业的精神[39]。

小结:在竞技体能训练领域,我国学者对体能训练原理和规律研究较多,对竞技体能教练本身研究较少。在已有研究中,只有极少数学者对竞技体能教练应具备哪些知识、能力和品质等方面进行了简单的描述,缺乏体系、层次和深度。这对于我国竞技体能教练素养的培养和发展是不利的,这也是我国竞技体能教练训练水平不高的重要原因之一。因此,在一定程度上表明,本研究内容是以现实需求为导向的。

2.2.3 关于核心素养的研究

2.2.3.1 关于核心素养的研究缘起、思路与方法

为了落实国家提出的"立德树人"的根本要求,2013年我国开始进行核心素养的研究。在北京师范大学林崇德教授的组织下,于2016年建立了中国学生发展核心素养框架。该框架不仅明确了未来学生和教师的发展方向,也成了我国学校教育改革和课程改革的"风向标"[40]。2017年起,学者们开始从不同视角和不同层次探讨学生和教师等群体的核心素养,形成了一股研究核心素养的热潮。

为了科学、全面、系统地研制《中国学生发展核心素养》,林崇德教授团队在研制过程中采取了自上而下与自下而上相结合的研究思路。通过借鉴国际研究,结合我国国情、社会需求和传统文化,运用自上而下与自下而上相结合研究思路,综合运用焦点小组、深度访谈和问卷调查等方法,广泛调查我国教育界专家学者和知名人士,为构建适合我国国情和现实需求的学生发展核心素养发展指标体系,提供现实依据。

2.2.3.2 关于核心素养内涵的研究

核心素养是个体适应生活情境和在未知的情境中解决复杂问题的关键能力。从价值方面看,蔡清田、林崇德、王俊民和丁晨晨认为核心素养具有促进个人与社会共同发展的双重意义、价值与内涵[41-42]。从内容方面看,核心素养覆盖了包括知识、能力和情感等多方面内容,体现了全方位素养中的"关键性素养"[43-44]。同时,张华认为,正确理解素养与知识、能力、态度和价值观等之间的关系,是正确理解核心素养内涵的前提[45]。如果不能正确理解它们之间的关系,就容易把素养看成是单一的要素,就不能真正揭示素养的内涵。

2.2.3.3 有关学生、教师核心素养内涵的研究

目前,我国核心素养研究主要集中在学生、教师身上,还没有教练和竞技体能教练核心素养研究。通过对学生和教师核心素养内容结构的研究,为我国竞技体能教练核心素养研究提供了借鉴意义。

在学生核心素养研究方面,最具代表性和权威性的就是《中国学生发展核心素养》报告,确定了我国学生所需的三个领域的六大素养[46],这是我国学生适应社会发展所需的必备品格和关键能力。

在教师核心素养研究方面,有研究指出教师核心素养基于教师的专业知识和能力、需要在实践中形成的、能够在教书育人过程中促进学生核心素养发展的必备素养,具有技术性与情感性结合、普遍性与独特性统一、生长性与阶段性共生等特征[47],应从教育情怀、专业知识和专业能力三个维度来发展教师的核心素养[48]。傅兴春认为教学技能和能力是教师的核心素养,这对培养学生的核心素养具有积极且重要的意义[49]。葛建定和邢志新等人认为,信息素养、创新素养和自我管理素养是教师的核心素养,是教师顺利完成工作任务和实现自我发展的关键能力[50-51]。

小结:我国核心素养研究起源于2013年,还处于起步阶段。从核心素养结构范畴研究来看,虽然不同学者从不同视角进行研究,但是他们的出发点是一致的,即促进个体发展和社会发展。从核心素养研究对象来说,我国主要集中在学生和教师两个群体,还没有关于教练员领域核心素养研究,更不用说竞技体能教练核心素养研究。通过对学生、教师

核心素养研究成果的梳理,可为我国竞技体能教练核心素养研究提供一些参考和启示。

2.3 国外研究现状

2.3.1 关于教练执教能力的研究

目前,国外没有教练核心素养研究,而对教练执教能力研究已有一些相关研究成果,但不是很多。通过对国外教练执教能力研究的分析,可为我国体能教练核心素养指标体系的构建提供参考。教练员执教能力的英文表述是 coaching competency,其中 competency 更加突出的是能力和素质,这与核心素养(Key Competence)中的素养英文单词含义几乎是一样的。Cote,J. 和 Gilbert,W. 等人认为,教练的执教能力主要体现三个方面:一是教练的知识,二是运动员的成绩,三是教练环境[52]。Jones R. L.、Armour K. M. 和 Potrac P. 等人认为,深厚的专业知识和持续的教练教育是影响教练执教能力的重要因素[53]。Marback T.、Short S.、Short M.、Sullivan 等人认为,教练应熟练掌握运动项目特征和规律,并能在训练中激发运动员,这是教练应具备的执教能力[54]。Abraham A.、Collins,D.、Martindale R.、Cassidy T.、Jones R. L. 和 Potrac P 等人认为,教练员应具备基础知识、专业知识和人际关系知识,并且能灵活和熟练运用,这是构成教练执教能力的基础[55-57]。

小结:目前,关于教练执教能力,国外综合不同学科理论,对教练的训练行为进行研究。相比较而言,我国对教练执教能力研究大多数局限于训练学学科理论,还未拓展到管理学、社会学等学科理论,使得我国对教练执教能力研究范围偏窄,不能全面揭示教练执教能力的内涵。同时,国外大多数已有研究认为专业知识是构成教练执教能力的基础,而专业知识是不断更新的,这意味着教练要想提高执教能力,则必须具备持续学习能力,对于竞技体能教练亦是如此,这对我国竞技体能教练核心素养指标构建具有一定的启示。

2.3.2 关于竞技体能教练的研究

2.3.2.1 竞技体能教练的专业化研究

在欧美的体育强国,竞技体能教练不仅是一个职业,也是一个专业,基本上完成了竞技体能教练职业化和专业化发展进程。在美国、英国和澳大利亚等国家竞技体能教练属于高收入群体,拥有较高社会声誉和专业地位。竞技体能教练在美国、英国和澳大利亚等国家发展势头良好,主要基于以下两个直接原因:

一是拥有独立的竞技体能教练组织(国家体能协会)和认证体系。通过他们认证的竞技体能教练得到了许多国家的认可,他们代表的是世界上最先进体能训练理念和方法。通过对美国、英国和澳大利亚体能教练认证分析,可以帮助我们更好地了解国际体能发展现状。澳大利亚体能协会是澳大利亚体能教练认证的最高国家机构。澳大利亚体能教练认证分为 Level-0、Level-1、Level-2 和 Level-3 共 4 个级别,实现了从低级俱乐部体能教练认证到精英/国际体能教练认证的全覆盖,并规定了各级体能教练的职责[58]。美国体能协会(NSCA)其宗旨是架起体能训练理论与实践的桥梁,引领世界体能训练的发展。美国体能协会是世界最具权威和影响力的体能教练认证组织,NSCA 为增加训练的安全性和科学性,制定了《体能教练专业标准和指南》[59]。英国体能协会(UKSCA)的主要目标是为精英运动员提供一流的体能训练指导,并进行体能教练认证(ASCC),这是英国官方唯一发放的体能教练职业证书,是英国体能教练从事体能训练的资格证书[60]。据统计,目前已获得 ASCC 的体能教练有一半左右具有研究生学历[61],可见体能教练职业对学历的要求较高。

二是欧美职业体育的迅速发展。职业体育比赛竞争越来越激烈和频繁,需要不断挖掘运动员的竞技潜力。这些竞技能力的挖掘,竞技体能教练将发挥关键性作用,使得竞技体能教练在竞技体育和职业体育的地位和作用越来越高。运动队和运动员对体能教练的需求也越来越高,如在 NBA 和英超等球队都配备了多名专职体能教练,如 NBA 球星詹姆斯、足球球星 C 罗,他们每年至少要花百万美金聘请体能教练。由此可知,欧美职业体育的快速发展,推动了体能训练的快速发展,促进了竞技体能教练的职业化和专业化发展进程,提升了竞技体能教练的社会声誉和专业地位。

小结:竞技体能教练职业化和专业化是发展趋势,以美国、英国和澳大利亚为代表的欧美国家竞技体能教练已完成竞技体能教练职业化和专业化发展进程。除了职业体育快速发展原因外,其根本原因在于它们建立竞技体能教练认证体系,为竞技体能教练提供了专业化发展保障。因此,我国应建立竞技体能教练认证体系,为我国竞技体能教练专业发展提供保障,促进竞技体能教练专业化发展。

2.3.2.2 竞技体能教练知识、能力和品质的研究

(1)竞技体能教练知识研究

Dorgo等人(2009)认为,竞技体能教练知识分为基础实践知识和应用实践知识集群[62]。Daniel Baker(2015)认为,一个高水平竞技体能教练,应具备实际的指导环境中运用知识的方式,而不是他们基于这些技术的实际知识[63]。美国体能协会认为,体能教练应具备运动科学、运动心理学和运动营养学等基础知识,以及设计体能训练计划的专业知识。英国体能协会认为,体能教练应具备运动生理、功能解剖、健康安全等知识,以及体能训练计划的专业知识。

(2)竞技体能教练能力研究

竞技体能教练具备运动科学知识,提供有效的训练计划和高质量的指导,是一名竞技体能教练最基本的要求,要想成为一名合格的竞技体能教练还需具备多种能力[64]。

研究指出,成功的竞技体能教练不仅应具备评估运动情境和寻求社会支持的领导力,还应具备给运动员提供心理辅导、心理咨询的能力,这样可以更好地与运动员沟通、合作,改善运动员的心理和情绪健康等[65-66]。这样就能及时了解和掌握运动员的心理状态,对出现心理问题的运动员及时进行干预,及时解决运动心理和情绪问题,更好地提高运动员的训练状态和运动表现能力。

Gallo GJ(2008)、Ian Jeffreys(2014)和Warren Young(2017)等人认为,一名成功的竞技体能教练不仅要具备专业能力、综合能力、创造能力等能力,还要具备自我评估和自我反思的能力,以及制订未来发展的

短期和长期策略的能力[67-69]。这不仅是竞技体能教练核心素养提升的保障,也是竞技体能教练在职业生涯发展中不断进步的保障。

为了帮助竞技体能教练获得标准化教育经验,解决竞技体能教练在教学和训练中经常忽视的问题,Dwayne Massey 提出了"有效教学计划",并认为竞技体能教练应具备制订和执行计划、组织管理、人际沟通、指导技巧等能力[70]。同时,研究还认为竞技体能教练应具有认知、行为、哲学与伦理、安全与运动损伤预防、身体训练、成长与发展、教学与交流、运动技战术、组织与管理、评估等能力[71],这样可以不断提高运动员体能训练的有效性[72]。

美国体能协会认为,体能教练应具备动作操作与教学能力、测试评估能力、组织管理能力等。英国体能协会指出,体能教练应具备制订、执行和评估训练计划能力、示范能力、沟通能力和风险急救能力等。国际教练教育委员会认为,教练员不仅要有指导训练的能力,还要有指挥比赛的能力。

(3)竞技体能教练品质研究

竞技体能教练是为运动员提供体能训练服务的,不仅需要出色的专业能力,还要具备良好的道德素质。竞技体能教练在竞争的压力和期望中,会面临着许多道德困境。美国、英国、澳大利亚等国家体能协会专业组织要求体能教练必须具有良好的道德品质和遵守基本的道德准则,必须平等对待任何一位受训者。基于此,Meir R 和 Nicholls A R 秉持相互尊重、共同承担责任和道德平等的原则和理念,提出了竞技体能教练实践的道德模型,为竞技体能教练解决训练实践和管理中遇到道德问题,提供了有效的方法途径和准则指南[73-74],如不能在运动员面前说易引发与主教练产生矛盾和冲突的话,要真诚对待每一位教练和队医,并能随时提供相应的帮助[75]。

Greener T(2013)等人认为,作为一名成功的竞技体能教练,在平时训练和工作中应勇于承担责任和充满激情、热情,在团队成员和运动员面前能时刻展现出积极的正能量;同时竞技体能教练应该时刻关心和爱护运动员,让运动员感觉到竞技体能教练是真心为自己提供高质量体能训练的最佳人选,使运动员愿意跟随这些竞技体能教练积极训练[76]。Steven J Foulds 等人(2018)认为,竞技体能教练与运动员应建立相互信任、尊重和欣赏的关系,这样运动员就越能感知竞技体能教练的行为,更加积极地投入训练,也就越有可能提高运动员的满意度和运动成绩[77]。欧洲教练理事会认为,教练是有专门要求的职业,要有人文关怀精神,除了关注自己的执教能力和运动员的成绩外,更应该关注和关心运动员的身心健康发展[78]。

小结:具备适应职业需要的基本知识、基本能力和基本品质是从事某种职业工作的前提条件。国外对竞技体能教练素质相关研究主要集中在知识结构、能力结构、道德准则、思想品质等方方面面,特别是有学者建立竞技体能教练实践道德模型,为竞技体能教练解决了在体能训练实践中的道德困境。与之相比,国内有关竞技体能教练知识、能力和品质的研究较少。借鉴国外竞技体能教练相关研究,将会为我国竞技体能教练核心素养研究提供国际化视角。

2.3.2.3 竞技体能教练评价研究

评价不仅可以对竞技体能教练的工作进行考核,还可以让竞技体能教练知道自己哪些方面不足,这给竞技体能教练指明了努力的方向。Andy Gillham 和 Michael Doscher(2017)等人研究认为,竞技体能教练在队伍中的地位非常重要,应该开发一种竞技体能教练评价工具,不仅可以真实、准确和科学地评价竞技体能教练的工作,也可以促进竞技体能教练与主教练、运动员和管理者之间的合作,还可解决管理者对竞技体能教练的评价,应对信息不对称出现的不公平现象[79]。

Warren Young(2017)研究认为,竞技体能教练需要不断提升自己的专业知识和能力,为了帮助竞技体能教练实现职业目标和促进竞技体能教练专业发展,已开发了一种竞技体能教练自我评价工具。该评价工具包括资格认证、知识和能力三个方面内容,对竞技体能教练进行综合评价和专业发展提供了参考[80]。

小结:评价具有教育、激励和导向的功能,有助于竞技体能教练素质的全面发展。国外已有竞技体能教练自我评价模型,不仅有知识理论层面分析,也有实际操作层面研究。这对我国竞技体能教练核心素养评价研究具有重要的参考价值。

2.3.3 关于核心素养的研究

2.3.3.1 核心素养的研究缘起

经济合作与发展组织(OECD)是国际上最早进行核心素养研究的机构,在1997年启动DeSeCo项目,首次对核心素养概念、价值和内涵进行了研究。OECD进行核心素养的缘起,一是为提高学生在未来社会的竞争力,满足未来社会对学生的需求;二是为不同国家教育发展提供有益的参考,推动各国教育改革,提高国家的竞争力。

在DeSeCo项目研制过程中,OECD采用跨学科的研究思路,运用访谈和问卷调查对来自不同国家教育学、社会学、文化学等不同领域的专家进行调查,以集合不同的文化和领域的智慧来研究核心素养的相关内容。在OECD的组织和领导下,完成了核心素养理论模型指标体系的论证报告,为以后的学者进行核心素养相关研究提供了坚实的理论依据和实践参考。

2.3.3.2 核心素养内涵的研究

关于核心素养内涵研究,影响较大的主要有国际经济与合作组织提出的核心素养框架、欧盟构建的核心素养指标、P21世纪联盟提出的21世纪核心技能和联合国教科文组织提出的21世纪公民五大核心素养[81]。各组织构建的核心素养指标框架,以不同方式和程度影响着各成员国核心素养的研究,并运用于各成员国教育改革实践中,提高各成员国人才的国际竞争力。

经济合作与发展组织(OECD)启动的"素养的界定与遴选:理论和概念基础项目",对素养的概念及各成员国的有关政策进行了充分研究[82-84],并建立了三个方面的核心素养框架:互动的使用工具、自主行动与社会异质团体互动[85-86]。OECD认为,三大类通用核心素养是社会成员应该具备的共同素养中最关键、必要且居于核心地位的素养。

2 文献综述

欧盟认为,核心素养指的是个体实现自我、融入社会需要的能力[87-88],并从数字能力、学习能力、文化意识等方面构建了核心素养框架[89-90]。联合国教科文组织(UNESCO)提出,学会求知、做事、共处、生存和改变,是公民必备的五大核心素养,并在此基础上提出了面向21世纪基础教育阶段学生发展的核心素养[91]。在2002年,以苹果和微软公司为代表的美国公司成立了21世纪联盟,并提出了"21世纪技能框架体系",包括职业与生活技能(灵活性和适应性、主动性与进取心、跨文化社交能力、生产力和可靠性、领导力和责任感)、学习与创新(批判性思维、创造力)、数字素养(信息素养、媒体素养和信息科技素养)等三大方面内容,为社会培养能够应对未知社会变革的人才。除了以上四大国际组织对核心素养内涵和结构研究之外,还有一些国家和学者从不同视角对核心素养的内涵和结构也做了研究。加拿大提出的核心素养包括阅读与写作能力、数学能力、思考能力和持续学习能力等[92]。澳大利亚的核心素养是个体终身发展所需要的能力。

核心素养的发展不仅要考虑学习的倾向,还要考虑环境的复杂性,在教育中为学习者提供不同的学习环境,才能有助于学习者能力的提高[93]。Rieckmann M 认为,系统性思维能力、预测性思维能力和批判性思维能力是个体最为关键的核心素养[94]。Wiek,A 等人在前人研究基础上,提出了可持续发展的核心素养,它是由系统思维能力、预测能力、规范能力、策略能力以及人际交往能力等五种能力组成,并构建了可持续发展的核心素养分层结构[95]。

小结:国外核心素养起源于1997年,比我国早十多年,为我国核心素养研究提供了许多不同的视角。从核心素养价值取向来看,国外与国内的价值取向是一致的,就是促进个体发展和社会发展。从核心素养内涵结构来看,国外不同组织和学者,从不同文化背景和社会需求角度,各自建立核心素养指标体系框架或模型,但在核心本质内容方面是一致的[96]。总之,国外对核心素养的研究成果较多,国内学者并对此进行了专门的介绍和分析,这不仅促进我国核心素养的研究,也为我国竞技体能教练核心素养的研究提供了参考和借鉴。

2.4　研究理论基础

2.4.1　职业锚理论

职业锚理论的核心是人不会舍弃在职业中那些重要知识、能力、态度和价值观。对竞技体能教练来说,职业锚就是竞技体能教练从事体能训练及其相关工作的专业知识、能力、态度和价值观的综合体现。而核心素养代表的是竞技体能教练从事体能训练及其相关工作的关键能力和必备品格,是由知识、能力、态度和价值观等综合形成。从某种意义上讲,职业锚和核心素养都代表的是竞技体能教练在职业发展中至关重要的东西。由此可知,竞技体能教练职业锚类型与核心素养是相辅相成的。当职业锚类型与核心素养水平相匹配时,就能提升竞技体能教练核心素养水平,促进竞技体能教练的专业发展;当职业锚类型与核心素养水平不匹配时,就会阻碍竞技体能教练核心素养水平的提高,影响竞技体能教练的专业发展。

2.4.2　胜任力理论

胜任力概念是由美国心理学家 McClelland 在 1973 年提出来的,是指完成具体工作任务时所表现的特征[97]。McClelland 认为胜任力是可学习和发展的,是可见的和可习得的,是与有意义的生活结果密切联系的。同时,在 1973 年 McClelland 根据胜任力理论建立的胜任力冰山模型,是目前最为著名和经典的胜任力模型,它是由知识、技能、社会角色、自我概念、特质和动机等六部分组成[98]。此后,不同的学者在胜任力冰山模型研究的基础上,对其进行改良,提出了更具操作性的胜任力模型,如美国 Boyatzis 的洋葱模型、彭剑锋的金字塔模型。这些胜任力模型揭示了个体在从事特定工作时,要想顺利完成工作所应具有的胜任力核心和关键要素。通过对胜任力理论和模型的分析可知,竞技体能教练顺利完成体能训练工作应具备相应的核心要素和关键能力,这为我国竞技体能教练核心素养模型的构建提供了理论参考。

2.4.3 人职匹配理论

帕森斯最早提出了人职匹配理论,它是关于人格特征与职业特征相匹配的理论。帕森斯认为,每一种职业都有自己的特殊要求,对从业者的人格特征(包括知识、能力、态度和价值观等)的要求是不一样的,从而确定了不同人格特征与其职业特征相匹配的职业。

竞技体能教练与战术教练、运动防护师等人群的职业岗位需求是不一样的,竞技体能教练对工作环境、工作方法、工作要求等方面与其他职业也是不一样的。那么,竞技体能教练职业对体能教练的知识、能力和态度等方面有着特殊的要求。对竞技体能教练而言,如果个人特质与竞技体能教练岗位匹配,那么竞技体能教练就能很好地适应竞技体能教练岗位要求;反之亦然。因此,在构建竞技体能教练核心素养模型时,参照人职匹配理论,通过竞技体能教练职业岗位对体能教练知识、能力和品性等多方面需求的分析,做到竞技体能教练的能力水平与职业岗位要求的一致性,做到人尽其才、才尽其用。

2.5 文献综述述评

体能训练是一项系统工程,它的复杂性和情境性决定了一个竞技体能教练必须具备解决复杂问题的关键能力。核心素养是个体在未知情境中解决复杂问题的关键能力。从这个意义上讲,核心素养水平是决定竞技体能教练能否胜任体能训练工作的关键因素。虽然国内外还没有针对竞技体能教练核心素养专门性研究,但是有关竞技体能教练和核心素养的研究,对我国竞技体能教练核心素养研究提供了重要的启示。

从竞技体能教练专业化发展来看,我国竞技体能教练发展现状不容乐观。体能教练无编制、无培训和无认证等,严重影响了我国竞技体能教练的专业化发展进程。英美等国家,通过建立竞技体能教练资格认证体系,促进竞技体能教练的职业化和专业化发展。这为促进我国竞技体能教练的专业化发展和制定竞技体能教练核心素养发展策略,提供了有益的借鉴。

从研究现状来看,我国对竞技体能教练所需知识、能力、品质及培养体系等方面的研究还比较少,而且深度和广度都不够。这些研究既不能满足体能训练的实际需求,也不能满足竞技体能教练发展的需求。在国外竞技体能教练研究中,虽然没有竞技体能教练核心素养研究,但是以"体能教练"为主题词的研究较多,这为我国竞技体能教练核心素养研究提供了重要的参考。

从研究对象来看,核心素养研究主要集中在基础教育领域(如学生和教师群体),在竞技体育和教练员领域还未涉及。不同学者,基于不同文化背景,从不同视角和需求出发建立学生、教师等群体的核心素养指标体系,并对核心素养的概念内涵、内容结构等进行了阐释。实践经验证明,学生和教师核心素养模型的构建,不仅促进了学生和教师终身发展,也对促进社会的进步具有积极的推动作用。竞技体能教练作为一个特殊群体,亟须建立核心素养框架。学生、教师的核心素养模型框架,可为我国竞技体能教练核心素养模型框架的建立,提供一些参考和启示。

整体来看,研究方法存在不足。国内外关于竞技体能教练有关的研究以定性分析为主,主要采用文献资料法和逻辑分析法进行描述性分析,缺乏统计学检验。国内外关于核心素养的研究以问卷调查和专家咨询为主,缺乏深层次的阐释。定性研究和定量研究方法各有优势和不足,定性研究不能揭示变量之间的内在规律和相互关系,定量研究不能描述定量结果的内在意义和具体含义。由此可知,如果仅以某种研究方法来构建竞技体能教练核心素养模型,是不能真正揭示竞技体能教练核心素养的内涵,为了弥补定性研究和定量研究的不足,需进行定性和定量相结合的研究,如可先利用定性研究来选择哪些变量或指标需要测试,然后利用定量研究对指标或变量进行验证,从而获得准确、科学、严谨的竞技体能教练核心素养模型。总之,国内外的这些相关研究,可为本研究方法的选择、思路的确定提供启示和参考。

综上所述,通过梳理相关文献可知,我国还没有竞技体能教练核心素养研究,这不仅影响了我国竞技体育体能训练水平的提高,也影响了我国竞技体能教练的专业化发展。为了提高我国体能训练水平,促进竞技体能教练的专业化发展,亟须建立竞技体能教练核心素养指标体系。这对我国竞技体能教练核心素养的研究,不管从理论探讨上来看,还是实践探索上看,都将会具有重要的理论意义和实践价值。为了更好研究我国竞技体能教练核心素养,本研究也将借鉴其他学科成熟的研究范式和方法,为本研究提供借鉴和参考。

3 研究设计

3.1 研究对象与方法

3.1.1 研究对象

本研究以我国竞技体能教练核心素养为研究对象。

3.1.2 研究方法

3.1.2.1 扎根理论

扎根理论是质性研究的一种具体方法,其基本逻辑是研究者通过对深度访谈获得的原始资料进行分析并编码,主要包括开放性编码、主轴编码和选择性编码三个过程,最后构建理论的研究方法。因此,为了深入了解我国竞技体能教练核心素养的内容结构,本研究以竞技体能教练为主体视角根据研究的具体情况共选取了25名竞技体能教练为访谈对象。所有访谈对象从事体能训练时间至少10年,他们大都在国家队参与过奥运会和世锦赛等重要比赛任务的体能训练工作,代表着我国体能训练的最高水平。通过对他们的深度访谈以期获得全面的资料,能为本研究提供数据支撑。专家访谈样本信息、程序等,详见本研究的第4部分,具体访谈提纲见附件1。

3.1.2.2 量表调查法

本研究基于我国竞技体能教练核心素养的质性研究结果,编制《我国竞技体能教练核心素养构成要素量表》即《我国竞技体能教练核心素养量表》,进行数据收集,验证质性研究结果的稳定性。运用编制的《我国竞技体能教练核心素养量表》对我国竞技体能教练进行调查,以进行我国竞技体能教练核心素养的群体差异研究。同时,运用编制的《成就动机量表》和《我国体能教练职业环境量表》对我国竞技体能教练进行调查,以进行我国竞技体能教练核心素养的前因研究。量表的编制、发放、回收和分析等,详见本研究的第5、6、7部分。

3.1.2.3 数理统计法

在研究中,运用NVivo12 plus对所有原始资料进行节点、参考点以及材料来源等方面的统计,以及进行三级编码(开放性编码、主轴编码和选择式编码)资料分析,形成直观的编码展示。运用Excel2007对《我国竞技体能教练核心素养构成要素调查表》《我国竞技体能教练核心素养现状调查表》《成就动机量表》和《竞技体能教练职业环境量表》所获得的数据进行预处理,形成原始数据包。

运用SPSS22.0对量表进行探索性因子分析和多元回归分析等;利用Amos24.0软件,运用结构方程模型(SEM)的方法对竞技体能教练核心素养量表进行验证性因素分析和结构方程模型建模;使用独立样本T检验、单因素方差分析进行竞技体能教练核心素养的群体差异分析;使用G*power 3.1软件计算统计功效。

3.2 研究思路与技术路线

3.2.1 研究思路

本研究主体内容包括定性研究和定量研究,从研究设计思路的角度看,是一种典型的混合方法研究。混合方法研究能够弥补定性和定量研究的缺点,做到优势互补、取长补短;解决定性或定量研究无法回答的复杂问题;为研究者提供多种研究方式,而不限于定性或定量研究的特定范式;有利于扩展研究问题的深度和广度等[99]。

本研究根据研究问题的需要,先进行定性研究,后进行定量研究,这是属于混合研究方法中探索性时序设计。探索性时序设计包含四个主要步骤:第一步,收集和分析定性数据,对某一现象进行探索;第二步,也是混合的交界点,根据定性阶段的研究结果开发测量工具,这一步是将先前定性阶段和后续的定量阶段连接在一起;第三步,定量部分研究,对新的参与者使用开发出的测量工具,来检验重要变量;第四步,测量工具的推广和应用。要使用这种设计,即意味着出于以下原因需要进行探索性研究:无法测量或没有测量工具,变量未知,没有指导性的框架或理论。由此可知,探索性时序设计适合研究者由于没有测量工具,而需要开发测量工具并进行测试;或者是在变量未知的情况下需要找出重要变量以供定量研究;或者是把定性研究结果推广到更大的样本中[100]。即运用探索性时序设计,定性数据及其分析,不仅可以开发测量工具,还可以深入地探索参与者观点来改善、解释统计结果;定量数据及其分析则为研究问题提供了一般性解释,以及检验和推广定性研究结果。本研究是对我国竞技体能教练核心素养进行研究,目前对我国竞技体能教练核心素养的测量,不仅没有现成的评价工具,也没有现成的竞技体能教练核心素养模型或框架可供参考,本研究非常适合采用混合研究方法中探索性时序设计思路。同时,本研究在某种意义上讲属于心理学研究范畴。张力为教授指出,作为一项全面、系统的科学研究应围绕概念解构、概念测量、群体差异(现状调查)、相关因素(影响因素)和行为控制(提升策略)等方面有序开展[101]。因此,本研究从竞技体能教练核心素养内涵开始,采用探索性时序设计思路(先质性研究,后定量研究),依据张力为教授提出的心理学研究思路,拟定了5个子研究,层层推进,具体包括如下:

(1)基于质性研究的我国竞技体能教练核心素养结构模型构建,主要目的是对竞技体能教练核心素养组成维度进行解构,建立概念模型,主要完成对竞技体能教练核心素养的操作化,维度及具体指标用于测量工具的编制;

(2)竞技体能教练核心素养结构模型的验证与确立,其目的是交叉验证质性研究结果所构建的竞技体能教练核心素养概念模型,其实质就是依据质性研究结果编制竞技体能教练核心素养量表,建立评价竞技体能教练核心素养的测量工具;

(3)我国竞技体能教练核心素养群体差异研究,主要目的在于通过

编制的竞技体能教练核心素养量表对我国竞技体能教练核心素养现状进行调查,并探讨人口学因素对竞技体能教练核心素养的影响;

(4)我国竞技体能教练核心素养前因(影响因素)研究,主要目的在于探讨影响竞技体能教练核心素养的关键因素和变量,以揭示影响竞技体能教练核心素养的作用机制;

(5)我国竞技体能教练核心素养提升策略研究,主要目的在于基于实证研究结果,提出我国竞技体能教练核心素养提升策略。

3.2.2 技术路线

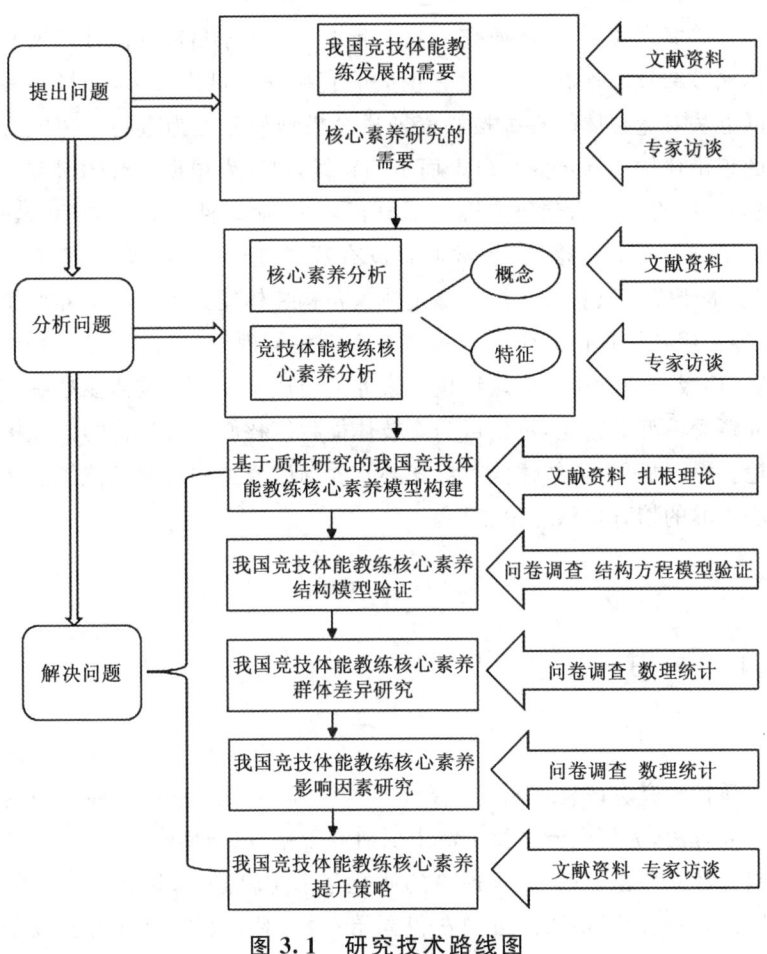

图 3.1 研究技术路线图

4 基于质性研究的我国竞技体能教练核心素养模型构建

对竞技体能教练核心素养进行准确的操作化（即构建竞技体能教练核心素养概念模型）是本研究的起点和重点。由于目前国内外还没有竞技体能教练核心素养研究，没有现成的直接理论可供参考，选择一种合适的方法对竞技体能教练核心素养概念模型构建尤为重要。传统意义上的理论建构通常走的是自上而下的路线，研究者根据已有的研究预先构建理论，将其运用到研究现象的分析之中，而质性研究中的理论建构走的是自下而上的路线，非常适合没有现成理论可供参考的研究[102]。因此，本研究将以竞技体能教练主体视角构建体能教练核心素养概念模型，即采用扎根理论的研究方式自下而上建构理论，通过扎根原始访谈资料，逐级归纳竞技体能教练核心素养的组成维度。竞技体能教练核心素养概念模型的构建，不仅可为竞技体能教练核心素养量化的研究提供理论支撑，也可为竞技体能教练核心素养前因模型构建及竞技体能教练核心素养的培育提供理论指导。

4.1 方法

质性研究有多种不同的研究方法[103]，而扎根理论是一种典型的质性研究方法，为研究者提供了清晰的研究策略，以帮助研究者收集、分析资料并建立理论[104]。扎根理论的研究基本逻辑是，采用自下而上的研究路线，一般通过访谈的方式获得原始资料，对原始资料进行比较分析获得概念，然后通过概念之间的关系构建相关的理论。扎根理论强调在资料归纳分析中形成理论,强调理论要以原始资料和经验事实为依据[105]。所以,扎根理论是可以通过量化式实证研究以最终形成解释现象的实质理论[106]。同时,扎根理论也属于"重复性检验",被认为是深入了解社会现象科学的研究方法[107]。

扎根理论研究方法的基本原则是从资料中产生理论思想、对理论保持敏感性、不断比较的方法、理论抽样的方法、不断地检核和评价等。扎根理论有一套完整的研究流程,主要包括研究问题、数据收集、编码和建模4个部分,具体如图4.1所示,其中最重要的部分是编码过程[108]。扎根理论编码过程包括3个级别,即开放性编码、主轴编码和选择性编码[109]。

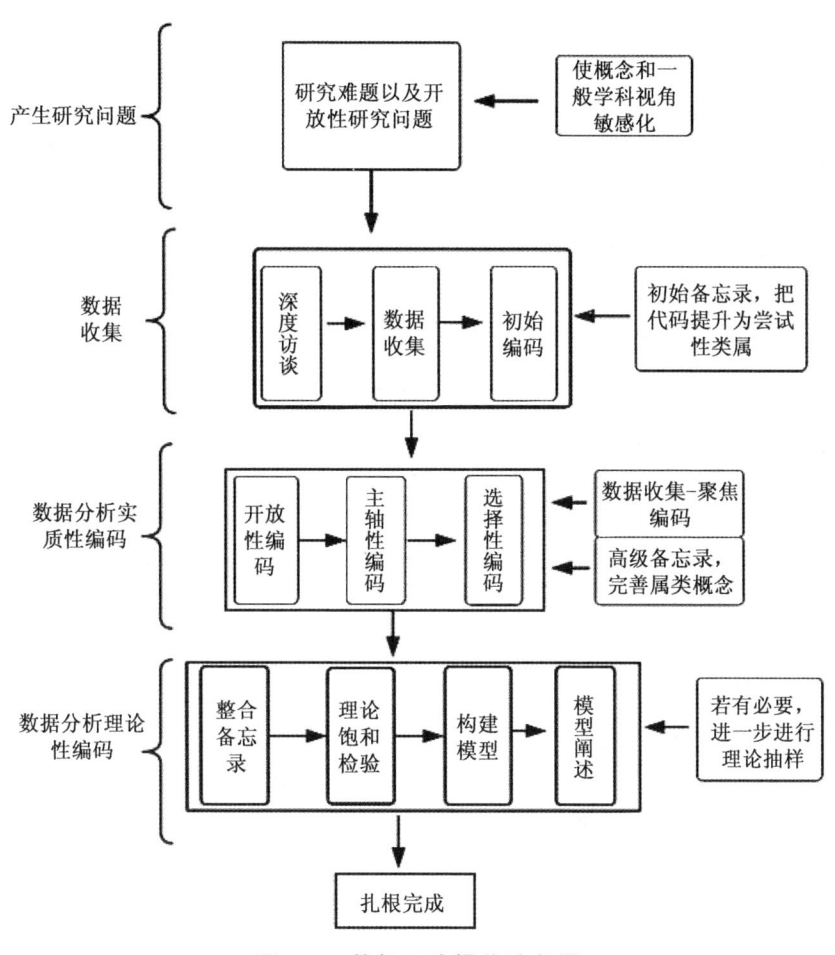

图 4.1 扎根理论操作流程图

4.1.1 资料的收集

扎根理论在开始研究前是没有理论假设的,认为一切资料皆为数据,要求研究者通过多种途径尽可能地多收集资料。扎根理论收集资料主要是通过访谈法,它是一种科学、有效的方法,因为研究者可以与访谈者进行深度互动,更能深层次挖掘真实、具体的原始资料。访谈是直接获取真实、具体原始数据的最佳方式[110]。通过访谈可以了解受访者的价值观念、情感感受和行为规范,访谈可以对研究的现象获得整体性视野,从多重角度对事件进行深描。同时,访谈具有更大灵活性以及对意义进行解释的空间,访谈的这些优点是观察、问卷调查与实物分析所不具备的。本研究根据具体情况采用半开放性方式对受访者进行深度访谈,以期获得全面、准确的访谈资料。

4.1.1.1 访谈对象的选择

在质性研究中,首先要选好访谈对象,这对有效收集资料和提高研究结果的可信度具有非常重要的作用,需要遵循一定的选择标准。

人力资本理论表明,人长期从事某职业,说明他对职业有较全面和深刻的理解。一般来说,个体从事某一工作10年及以上,就具有很高的认知和行为能力[111]。Ericsson和Lehmann等人认为,要想成为一个专家型教练一般需要10年以上实践经验[112]。因此,本研究访谈对象必须是从事体能训练工作10年以上的体能教练。

4.1.1.2 研究伦理

在扎根理论中,进行深度访谈收集资料时,必要考虑研究伦理问题,这不仅是学术道德问题,也是扎根理论研究的需要。因此,在本研究过程中需要遵循以下四大伦理原则:一是自愿参与原则,访谈前与受访者进行事前沟通,征得允许同意后再进行访谈;二是参与知情权,在访谈现场须让受访者清楚访谈的目的、主要内容、利害关系等,以消除被访谈者的自我保护心理;三是匿名处理访谈对象,在受访者同意后才可以进行访谈录音,并在论文撰写过程中,对访谈对象全部采用匿名处理;四是支付劳务报酬,在访谈结束后,给予受访者一定的劳务报酬,以表示感谢。

4.1.1.3　理论性抽样

在质性研究中一般多采用理论性抽样,是指根据不同研究阶段和抽样的目的确定具体的抽样方法。理论性抽样具体策略包括最大差异抽样、个案抽样等方法,具体的抽样形式则包括滚雪球抽样、方便抽样等方法[113]。不同的抽样方法和具体抽样方式,其目的和作用是不一样的。

我国竞技体能教练主要服务于国家队、省队和职业队的专业运动员,一般来说在不同的运动队中体能教练具备核心素养是存在差异的。本研究是以我国整个竞技体能教练群体为研究对象,并不是以国家队、省队或职业队某一具体群体的体能教练为研究对象,所以在选取抽样对象时必须考虑不同类型(国家队、省队和职业队)的竞技体能教练,才能在一定程度覆盖研究对象的各种不同情况,才能建立较全面、系统的竞技体能教练核心素养指标体系。因此,本研究根据实际需要,采用的是最大差异抽样方法,具体抽样方式采用滚雪球抽样。最大差异抽样指的是被抽中的样本所产生的研究结果将最大限度覆盖研究现象中各种不同的情况。这样构建的理论模型,才能较好地反映该现象的全貌,才能有较强的代表性。滚雪球式抽样方式,就是通过受访者来推荐一些符合本研究访谈要求的竞技体能教练,以此来提高访谈效果和质量。

4.1.1.4　样本数量

扎根理论对于访谈样本量没有硬性规定,达到"理论饱和"即可。不过,Burke Johnson 和 Larry Christensen 指出扎根理论访谈对象不能太多,也不能太少,一般 20～30 人为宜[114]。Starks H 和 Trinidad BS 指出扎根理论的访谈对象以 10～60 人为宜[115]。因此,本研究根据实际需要,遵循研究对象选择标准,选取了 25 名研究对象作为访谈样本,且绝大多数访谈对象参加过备战奥运会、世界杯和世锦赛等国际赛事的体能训练保障工作,他们所训运动员大多获得过奥运会、世界杯和世锦赛等国际赛事冠军。这些访谈对象大多具有丰富的体能训练理论知识和丰富的体能训练实践经验,在一定程度上代表着我国竞技体能教练最高的训练水平,这说明本研究所选择访谈的对象具有一定的代表性和权威性。

本研究根据访谈提纲(详见附录 A),在 2020 年 10 月至 2021 年 4 月共深度访谈了 25 名体能专家,受访者的基本信息如表 4.1 所示。访谈过程中,在征得受访者同意情况下对整个访谈进行了录音,并对重要内容进行记录。访谈结束后,第一时间把访谈资料进行整理分析,为下次访谈做好铺垫,同时转发给受访者对访谈内容进行确认,以保证内容的真实性和可靠性。每名受访者的实际访谈时间平均时长约 36 分钟。在资料整理过程中,将音频及笔记整理成文本材料,文本字数共 12 万余字。

表 4.1 受访者基本信息统计表(n=25)

序号	访谈对象	教育水平	职称	体能训练年限
1	Y	博士	研究员	15—20 年
2	W	博士	副研究员	15—20 年
3	W	硕士	副研究员	10—15 年
4	R	硕士	副研究员	10—15 年
5	H	硕士	副研究员	10—15 年
6	W	博士	副研究员	10—15 年
7	Y	博士	副研究员	10—15 年
8	B	博士	研究员	10—15 年
9	Y	硕士	副教授	15—20 年
10	L	博士	教授	10—15 年
11	L	博士	教授	10—15 年
12	Z	博士	教授	10—15 年
13	L	博士	教授	15—20 年
14	W	博士	教授	≥20 年
15	W	博士	教授	15—20 年
16	L	博士	教授	10—15 年
17	H	博士	副教授	15—20 年
18	Z	博士	教授	≥20 年

续表

序号	访谈对象	教育水平	职称	体能训练年限
19	Y	博士	副教授	10—15 年
20	W	硕士	无	10—15 年
21	Y	硕士	无	10—15 年
22	H	高中	无	15—20 年
23	W	硕士	无	10—15 年
24	M	硕士	无	10—15 年
25	L	硕士	无	10—15 年

注：根据研究伦理，这里须隐去访谈对象的姓名和从事的项目（项目包括游泳、跳水、乒乓球、篮球、足球、曲棍球、射击、速度滑冰等），以免对号入座。

4.1.2 资料的整理与分析

研究资料的整理和分析是质性研究最重要的过程。在概念上看，资料的整理和分析是分开的，在实际操作过程中它们是一个整体，整理和分析是同时进行的，它们是一个相互交叉、重叠发生和同步行进的来回循环过程，它们的关系如图4.2所示[116]。

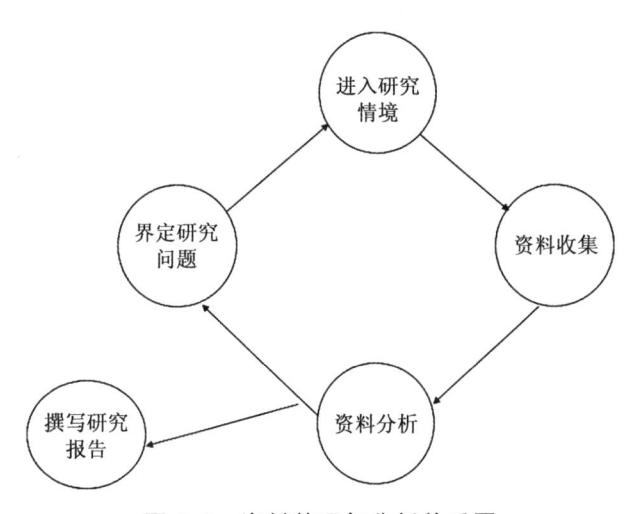

图 4.2 资料整理与分析关系图

在制定竞技体能教练核心素养模型过程中,数据分析贯穿整个过程。首先,对收集的资料进行初步分析,删除那些与竞技体能教练核心素养研究无关的数据;其次,对资料进行逐级登录,并对资料进行初步概念化;第三,不断对语句、概念、范畴进行比较;第四,发展理论性概念;第五,建构理论。在这一过程中,编码是扎根理论中的关键环节和核心环节,包括开放性编码(一级编码)、主轴编码(二级编码)、选择性编码(三级编码)等三级编码过程,它是一个经由系统化的资料收集与分析建构实质性理论的过程,具体编码过程如图 4.3 所示[117]。

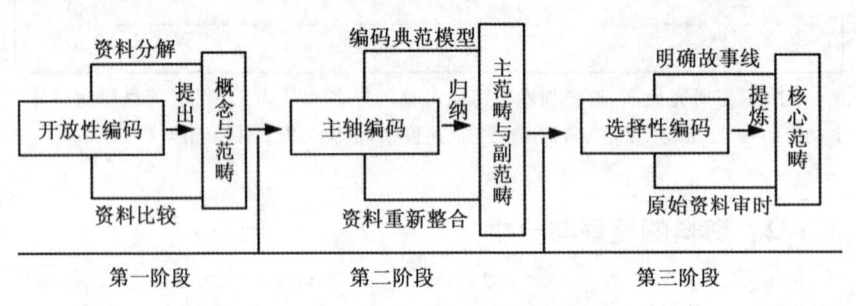

图 4.3 扎根理论研究的数据分析过程

4.2 结果与分析

在扎根理论中,编码是数据生成理论的关键环节,直接决定着研究质量。本研究结果遵循扎根理论数据分析的整个过程,运用 NVivo12 plus 软件对文本资料先后进行开放性编码、主轴编码和选择性编码,分别得到概念、主范畴和核心范畴,具体研究结果如下。

4.2.1 内部资料词频统计分析

质性研究的经验表明,原始材料中有关词语出现的频率是确定编码的重要指标。词语出现次数越多,则在词云图中字体就越大。通过对竞技体能教练核心素养进行内容分析,提取资料中高频词汇、构建高频词汇词云图,结果见表 4.2 和图 4.4。由表 4.2 和图 4.4 可知,体能、训练、

4 基于质性研究的我国竞技体能教练核心素养模型构建

教练、能力、知识、沟通、学习、发展、计划和专业等词出现频次较多,词云图较大,说明这些高频词与竞技体能教练核心素养存在某种关联,在编码时应予以重点关注。

表 4.2 体能教练核心素养访谈资料高频词汇(TOP10)

排名	词汇	频数
1	体能	1947
2	训练	1716
3	教练	1680
4	能力	644
5	知识	435
6	沟通	273
7	学习	258
8	发展	250
9	计划	243
10	专业	237

图 4.4 "内部材料"的词云图

4.2.2 开放性编码

开放性编码是扎根理论分析的第一阶段,遵循"原始资料→语句→

概念"的逻辑关系,首先是对原始资料进行逐词逐句分析,得到初步概念化的"语句";然后,对语句进行概念化分析得到概念。

4.2.2.1 对原始资料进行逐步登录得到295条语句

开放性编码,要求研究者必须依靠原始资料,尽量使用能够反映行动的词语来编码[118]。在进行编码过程中需要遵循以下原则:一是最大限度保持数据的真实性,不能随意地对登录得到的语句进行扩大和演绎;二是尽量使用能够反映行动的词语来编码;三是各语句不能重复,须相互独立。在开放性编码过程中,须采用"逐字逐句"编码形式对原始资料进行编码,以确保编码结果的真实性、原始性和客观性,具体示例如表4.3所示。

表4.3 原始资料的初步概念化过程

资料	原始资料内容	开放性编码:初步概念化结果
数据类型:访谈资料 数据来源:某职业队的体能教练	我觉得在球队遇到最大的困难就是与运动员、主教练沟通交流。一方面要了解球员的需求,便于确定运动员需要的技能;另一方面要了解主教练的需求。然后,我觉得沟通最重要,但是是很复杂的。(追问:当时你是怎么解决的?)我觉得坐下来跟大家一起谈谈,主动去跟主教练沟通,看他对整个球队技能训练方面有什么样的要求和想法。当然你也要实事求是地表达自己的想法,就是你作为一个职业体能教练肯定要主动去沟通。(追问:你能否举个例子?)比如说深蹲,主教练要求所有人都要深蹲,年龄比较大一点的主教练都喜欢要求队员做深蹲。我们现在知道做深蹲的话,对有些篮球运动员本身是不适合的,有些人有伤,或者说他的整个解剖结构也不适合做深蹲。那你得用合适的方法去跟主教练沟通,告诉他这个事情的利害关系,让他认可你的观点,并支持你的工作	与运动员、主教练进行沟通交流 了解运动员需求 了解主教练需求 主动与主教练沟通 了解球队技能训练的需求 具有沟通技巧

4 基于质性研究的我国竞技体能教练核心素养模型构建

本研究通过 NVivo12 plus 软件对所有的原始数据进行了开放性编码,对原始数据进行初步概念化(获得语句),并对其中重复的语句和内容进行组合,共包含参考点 1395 个,最终得到 295 条语句(见表 4.4 所示)。开放性编码结果示例如图 4.5 所示。

表 4.4 原始数据初步概念化数据(语句)

语句	语句
1. 制定实现职业目标的策略	18. 能分清家庭和工作的具体边界
2. 制订短期和长期职业发展目标	19. 能正确处理家庭和工作的关系
3. 制订职业发展目标并计划如何实现	20. 争取做到生活和工作的平衡
4. 具有设置愿景的能力	21. 经常查阅相关的专业资料
5. 具有明确的执教目标	22. 主动向运动员请教专项动作
6. 具有高成就感	23. 能使用仪器设备对运动员进行体能测试和运动表现监控
7. 能够合理确定和分配运动渐进性(如训练强度、训练频率等)	24. 能根据运动员的机能状态和赛季的特定阶段进行训练计划的调整
8. 具有清晰的执教哲学和理念	25. 经常与同行保持交流学习
9. 具有科学化的体能训练理念	26. 经常向自己的老师和导师请教学习
10. 喜欢挑战性工作	27. 积极向榜样型体能教练学习
11. 工作是不断挑战和超越自己	28. 经常参加各种与体能训练相关的交流学习活动
12. 相信自己能够创造价值	29. 经常参加各种与执教工作有关的培训
13. 赢得主教练和运动员的尊重和认可	30. 具有持续自主学习能力
14. 能对运动员体能训练进行全程数据化监控、反馈和优化	31. 具有终身学习能力
15. 具有良好适应环境的能力	32. 积极参加继续教育
16. 能正确应对目前的工作负荷	33. 具有良好的批判性思维和意识
17. 能理性看待自己的工作所得	34. 具有从经验或事件中反思的能力,进行持续改进

续表

语句	语句
35. 具有强烈希望成为终身学习者的意愿	53. 熟练掌握体能训练专业知识
36. 熟练掌握运动表现监控和体能测试、评估的相关知识	54. 熟练掌握专项竞技能力发展规律
37. 在训练中具有独立思考能力	55. 熟练掌握人体生理机能状态变化规律
38. 在生活和工作中要勤于思考和善于反思	56. 具备体能、运动康复和损伤预防知识整合的能力
39. 学会反思自己的行为和方法	57. 具备多学科和跨学科知识
40. 能评估和反思短、中、长期目标方面的进展	58. 能利用跨学科的知识进行训练
41. 能客观地进行自我评估和评价	59. 坚信自己能为团队的目标做出贡献
42. 经常进行反思和改进	60. 具备跨学科知识整合的能力
43. 经常对体能训练内容进行反思	61. 构建自己的体能训练知识体系
44. 经常对体能训练过程进行反思	62. 具有教育学、管理学和哲学等人文科学素养
45. 具有对文献批判的能力	63. 掌握信息技术基础知识
46. 经常反思目前的工作方法是否符合项目规律	64. 具有持之以恒和精益求精的探索精神
47. 熟练掌握体能训练设计与实施知识	65. 具有制定减少损伤策略的能力
48. 熟练掌握专项周期训练相关知识	66. 具有基本的伤病处理和预防损伤的能力
49. 熟练掌握教育学和运动训练学相关知识	67. 能够识别特定运动员群体的潜在损伤趋势
50. 熟练掌握运动科学基础知识	68. 熟练掌握先进的科技训练设备
51. 能定期对伤病运动员进行评估并设计运动干预方案	69. 熟练使用办公操作软件
52. 熟练掌握运动相关知识(如运动营养学、运动康复学)	70. 能够制定运动员疼痛解决方案

续表

语句	语句
71. 具有对运动损伤进行诊断评估和康复训练的能力	88. 具有良好的动作细节把控能力
72. 了解重要损伤的机制和风险因素	89. 清楚体能训练练习的针对性和优先级
73. 了解关键部位的损伤风险和机制	90. 能为运动员提供方向和建立愿景
74. 了解常见运动损伤的原理和预防措施	91. 能熟练运用不同的训练方式
75. 具有高风险损伤区域需求分析的能力	92. 能使运动员保持训练的高度专注和热情
76. 会使用SFMA对运动员的疼痛进行评估	93. 能让运动员有效执行训练计划
77. 会使用FMS对运动员进行筛查和评估	94. 能激励运动员内在动机,满足自我需求
78. 具备基本的运动康复和物理治疗能力	95. 能合理安排训练课的组织方式和课程结构
79. 要学会学习	96. 能创造运动员自我激励的条件和气氛
80. 能为运动员提供伤害预防领域的指导	97. 能采取各种方法和心理措施激励运动员
81. 掌握项目损伤特点,并进行针对预防性防伤训练	98. 具有自我激励能力
82. 知道如何激励运动员改变自我的愿望	99. 能够教授运动员如何发现或避免错误动作
83. 知道如何调整自己的语言和激励方式	100. 具有较高的教学训练组织实施能力
84. 具有良好的观察力和洞察力	101. 对不同性格的运动员能给予不同的激励
85. 善于挖掘运动员的闪光点	102. 采用积极的训练方法激发运动员的动机
86. 具有因材施教能力	103. 知道如何激励运动员改变自我的愿望
87. 训练课具有整体协调规划能力	104. 在体能训练中能充分调动运动员的积极性

续表

语句	语句
105. 及时对运动员的练习予以反馈和评价	122. 尊重运动员分享观点的权利
106. 能激励运动员在训练和比赛中追求卓越	123. 掌握专项的技战术特点
107. 能够对训练中的问题做出正确的判断和改进	124. 较高的专项运动技术
108. 能够有效地促进运动疲劳恢复	125. 较高的专项体能训练能力
109. 能读懂运动员的肢体语言、面部表情	126. 具有换位思考能力
110. 具备运动员身体状态调控的能力	127. 在训练中具有良好的时间管理能力
111. 准确识别和纠正运动员动作错误的能力	128. 在工作中能对情绪进行合理的管理和控制
112. 动作示范要标准和规范	129. 善于观察运动员的情绪变化
113. 能从运动员的眼神和行为看到运动员的心理和情绪状态	130. 善于调节运动员的情绪
114. 示范能力包括正确动作和错误动作的示范	131. 具有对外学术交流能力
115. 良好的教学讲解与示范能力	132. 对运动员的情绪很敏感和了解
116. 具备良好的动作技术示范能力	133. 要有良好的课堂管理能力
117. 动作示范能力是合格体能教练的首要条件	134. 训练时要有灵活变通能力
118. 动作讲解言简意赅	135. 能够有效地解决训练中的冲突和突发事件
119. 熟练掌握体能训练中的练习动作	136. 能够根据训练目标设计个性化训练计划
120. 能够和团队做好协同保障	137. 制订计划时应具有整体战略思维能力
121. 有专项体能训练与一般体能训练结合的能力	138. 具有设计与实施个性化训练计划能力

续表

语句	语句
139. 能科学安排运动负荷管理	154. 拥有自己的训练理念和体系
140. 能建立个体化的训练档案	155. 能够根据运动员的比赛项目、位置以及训练水平的需求,设计具有个性化的周期训练方案
141. 具有运动项目需求分析能力	156. 能为受伤和康复期的运动员设计体能训练方案
142. 具有个性化需求分析能力	157. 能够结合比赛、技术、战术等需求调整训练计划
143. 能够确定运动员所需要的技能	158. 无测评不训练
144. 能够科学地确定训练目标和训练阶段	159. 能正确地对测试结果进行解释、分析和评估
145. 能够考量训练计划所有组成部分的特征	160. 能够通过评估发现训练存在的问题并能有效解决
146. 能制订与实施力量、速度、耐力、灵敏、柔韧和快速伸缩复合训练计划	161. 能合理地进行测试的选择、设计和实施
147. 具有周期训练计划的设计能力	162. 能够结合运动员和运动项目的特点对测试结果进行客观公正的评估
148. 能安全、有效地设计与实施训练计划	163. 能够进行功能性动作筛查、评估及制定解决方案
149. 能对运动员的运动负荷进行有效管理	164. 能够选择合适的体能测试仪器和方法
150. 具有从自己经验中学习的能力	165. 能够进行基础体能和专项体能测试和评估
151. 能够合理地选择和设计体能训练内容和方法	166. 能够进行健康风险、姿态评估和步态评估
152. 能够合理确定和分配运动强度和训练量	167. 能够进行有效的体能测试
153. 能够合理确定和分配训练休息比	168. 能够进行稳定性、力量、耐力、速度的测试与评估

续表

语句	语句
169. 能够基于测试评估结果设计或调整训练方案	184. 熟练运用仪器和设备对运动员的体能训练进行监控
170. 能够正确选择和使用测试和监控设备	185. 能够确定和评估体能训练中的风险
171. 能使用科技训练设备监测运动员的身体和生理反应	186. 能采取有效和适当策略以减少伤害发生的风险
172. 能通过设计量化的表格来监控运动员的身体整体变化情况	187. 具有运动急救能力
173. 能对体能训练中的负荷进行监控和评估	188. 具有心肺复苏能力
174. 具有较强的抗压能力	189. 安全训练运动员是体能教练的首要任务
175. 能对运动员的身体、心理和运动状态进行监控和评估	190. 掌握体能训练保护与帮助技能
176. 能够及时掌握体能训练前沿知识	191. 合理利用训练场地和选择器械,营造安全训练环境
177. 具有良好的数据分析能力	192. 能够进行运动器材的安全检查
178. 熟练使用新科技监控运动员的运动表现	193. 能意识到自己工作的价值所在
179. 能够识别和应对安全隐患	194. 具备风险评估和识别风险的能力
180. 提高运动员体能训练的安全性与经济性	195. 认可自己所做的工作
181. 能为运动员提供安全的体能训练环境	196. 认可体能教练职业
182. 能确保计划安全有效地实施	197. 热爱体能教练职业
183. 能够对体能训练效果进行科学和客观的评价	198. 了解体能教练的职业特征

续表

语句	语句
199.能够对体能训练空间、器材和环境进行评估,为运动员提供安全的训练环境	216.禁止给运动员提供违禁药物和兴奋剂
200.能利用和整合多个运动科学领域的知识来解决现实的问题	217.在训练过程中要有科研思维
201.具有刻苦钻研、实事求是和不断进取的精神	218.体能训练的本质就是一个不断进行科学验证的过程
202.具有持久力和专注力	219.具有从具体体能训练工作中思考科学问题的意识
203.具有工匠精神,不断追求卓越	220.能够发现运动员的心理问题
204.掌握数字化训练设备、软件、平台及其他新技术的常用操作	221.能够发现运动员体能薄弱环节
205.具有强烈的责任感和事业心	222.能够发现体能训练问题重点和关键点
206.具有积极的服务意识和工作态度	223.具有运动科学思维模式
207.爱岗敬业,甘于奉献	224.具有发现问题的能力
208.能够以身作则和知行合一	225.能把体能训练理论与实践联系起来
209.关爱运动员	226.能实施实践性实验
210.诚实守信,为人真诚	227.能用最新的仪器和器械进行体能训练研究
211.具备基本的体育职业道德素养和行为规范	228.能对最新的训练理念和方法进行实验和验证
212.能用科研思维去思考执教过程	229.能够将体能训练前沿研究的成果在实践中应用和转化
213.没有研究思维能力,训练就很表面化	230.能够撰写体能训练相关的科研论文
214.科研思维有利于提升训练的科学化水平	231.具有多种解决体能训练具体问题的方法
215.要把每一堂训练课当作一次测试	232.具有解决主教练和运动员最关心的问题的能力

续表

语句	语句
233. 具有运用知识解决问题的能力	249. 具有良好的人际关系协调能力
234. 能够根据体能训练内容设计练习动作	250. 能虚心听取团队成员的建议
235. 能运用生物力学知识设计体能训练动作	251. 能够明确自己在团队中的角色定位
236. 能够围绕专项体能训练设计动作	252. 具有良好的团队合作精神
237. 高水平体能教练必须具备动作设计能力	253. 能够与运动员保持良好的协作关系
238. 具有良好的创新意识	254. 能够与主教练、技术教练和康复教练等密切配合
239. 具有良好的创造力	255. 具有促进团队融合的能力
240. 能够创造性地运用训练理论	256. 能够积极向专项教练和主教练请教
241. 能设计符合运动员专项的体能训练方法	257. 熟练掌握体能训练中的各种运动技术的教学和评价
242. 能创造性地进行训练方法和手段的设计和组合	258. 能够处理好与其他教练之间的关系
243. 勇于探索体能训练中的新方法、新技术	259. 自己的训练目标要与团队目标一致
244. 能够创造性解决体能训练中的问题	260. 能够根据主教练的需求安排体能训练计划
245. 能够尝试新的训练思路和方法	261. 协助主教练构建有助于运动员完成目标的心理和社会环境
246. 能够改进或制作体能训练专用和辅助器材	262. 具有较高的情商
247. 能够创新创编体能训练方法与手段	263. 具有一定的领导能力
248. 能够根据训练目的编排新的训练方法	264. 能够快速地了解团队文化并融入团队

续表

语句	语句
265. 能够主动与运动员建立信任	281. 能读懂运动员的肢体语言、面部表情和语言选择
266. 信任教练团队成员	282. 具有良好的人际交往能力
267. 体能教练和运动员最重要的是要建立信任关系	283. 能把自己的思路和想法清晰地传达给运动员
268. 教练团队成员之间要相互理解和信任	284. 具有良好的团队沟通能力
269. 能够对运动员的练习动作进行评估、纠正和调整	285. 沟通是解决问题的有效手段
270. 能够耐心倾听运动员的诉说	286. 沟通是获得运动员信任的前提和条件
271. 能够主动倾听运动员表达观点	287. 具有良好的文字表达能力
272. 具有良好的倾听技巧	288. 具有良好的写作能力
273. 善于倾听沟通中的反馈信息	289. 具有良好的非口头语言沟通能力
274. 能对不同的运动员采取不同的沟通方式	290. 具有良好的沟通技能
275. 能在沟通中提供有效的信息反馈	291. 能与国外体能教练和专家进行交流
276. 能与运动员平等地交流	292. 具有较好的外语交流能力
277. 能用教练和运动员的语言交流	293. 要有国际化视野
278. 具有较好的语言艺术	294. 熟练掌握抗阻训练、快速伸缩复合训练、身体功能训练、速度与灵敏训练、耐力训练的技术动作与示范
279. 善于与运动员、教练员沟通	295. 能够阅读外文资料和文献
280. 能够理解运动员的思想、情感和情绪	

图 4.5 原始数据初步概念化数据参考示意图

4.2.2.2 对语句进行概念化得到概念

在对语句进行概念化的过程中,须遵循科学性、相似性、关联性的原则。通过对 295 条语句进行反复的比较和分析,最终获得 14 个概念。为了方便记录,对每一个概念赋予了特定代码,如把"竞技体能教练职业道德"用 B1 表示,"竞技体能教练职业认同"用 B2 表示,以此类推 14 个"概念"的代码依次是 B1,B2…B14,详见表 4.5。

表 4.5 295 条语句概念化结果

序号	概念	材料来源	参考点
B1	竞技体能教练职业道德	25	57
B2	竞技体能教练职业认同	14	18
B3	竞技体能教练职业精神	14	25
B4	体能训练专业知识	27	90
B5	体能训练计划设计与实施能力	43	264
B6	体能训练测试、监控与评估能力	25	77
B7	体能训练实操能力	11	24

续表

序号	概念	材料来源	参考点
B8	体能训练运动损伤预防能力	8	15
B9	竞技体能教练沟通交流能力	31	134
B10	竞技体能教练团队合作能力	29	97
B11	体能训练科研能力	34	158
B12	体能训练创新能力	18	32
B13	竞技体能教练持续学习能力	28	89
B14	竞技体能教练批判性反思能力	24	69

4.2.3 主轴编码

主轴编码是扎根理论分析的第二步,就是对概念进行不断的比较、归纳,使得范畴能够包含其所包含的所有概念,且每个范畴之间保持相互独立。同时,在范畴化过程中要求尽可能摒弃自己已有的观点,尽可能地做到科学和客观。

主轴编码一般是通过"因果条件→现象→脉络→中介条件→行动/互动策略→结果"这一典型模型[119],对开放性编码中得出的概念进行分类和比较,凝练出主要的范畴,即获得"主范畴"。由此可知,主轴编码主要任务是通过比较分析发现和建立概念类属之间的各种联系,使它们形成相似关系和类型关系等。

从原始资料的获得语句中提炼出的概念基本上代表了竞技体能教练核心素养的要素,是竞技体能教练区别于其他教练或人群的重要元素。但是,在开放性编码中仅存在"原始资料→语句→概念"的逻辑关系,不存在"因果条件→现象→脉络→中介条件→行动/互动策略→结果"的逻辑关系[120]。因此,本研究通过借鉴典型模型的逻辑关系,通过反复对比,最终从14个概念(B1竞技体能教练职业道德、B2竞技体能教练职业认同、B3竞技体能教练职业精神、B4体能训练专业知识、B5体能训练计划设计与实施能力、B6体能训练测试、监控和评估能力、B7体能训练实操能力、B8体能训练运动损伤预防能力、B9竞技体能教练沟通交流能力、B10 竞技体能教练团队合作能力、B11 体能训练科研能力、B12 体能训练创新能力、B13 竞技体能教练持续学习能力和 B14 竞技体能教练批判性反思能力)中提炼出 4 个主范畴:A1 竞技体能教练职业信念、A2 竞技体能教练专业知识与能力、A3 竞技体能教练沟通与合作能力、A4 竞技体能教练自主发展能力,各主范畴的范畴指标具体结果如表 4.6 和图 4.6 所示。

表 4.6 对 14 个范畴进行主轴编码分析的结果

序号	主范畴	序号	概念
A1	竞技体能教练职业信念	B1	竞技体能教练职业道德
		B2	竞技体能教练职业认同
		B3	竞技体能教练职业精神
A2	竞技体能教练专业知识与能力	B4	体能训练专业知识
		B5	体能训练计划设计与实施能力
		B6	体能训练测试、监控与评估能力
		B7	体能训练实操能力
		B8	体能训练运动损伤预防能力
A3	竞技体能教练沟通与合作能力	B9	竞技体能教练沟通交流能力
		B10	竞技体能教练团队合作能力
A4	竞技体能教练自主发展能力	B11	体能训练科研能力
		B12	体能训练创新能力
		B13	竞技体能教练持续学习能力
		B14	竞技体能教练批判性反思能力

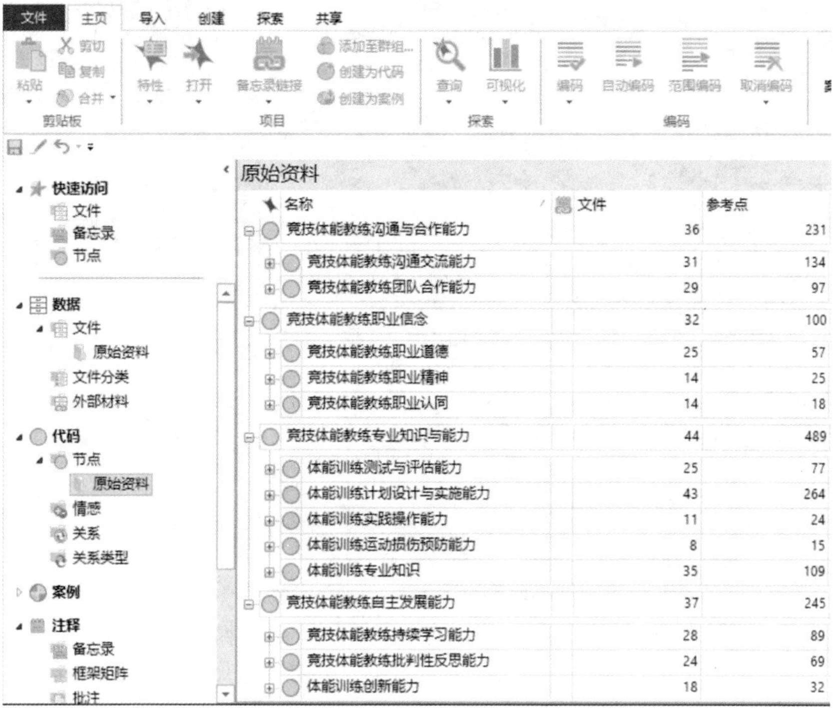

图4.6　14个范畴进行主轴编码示意图

另外,主范畴的编码参考点数反映了该主范畴在模型中的重要性。在节点的结构示意图中,图的面积越大,表示该主范畴的参考点数越多。由图4.7可知,主范畴竞技体能教练专业知识与能力(A2)是参考点数最多的,竞技体能教练自主发展能力(A4)次之,竞技体能教练沟通与合作能力(A3)排第三,竞技体能教练职业信念排第四(A1)。由此可以看出,竞技体能教练专业知识与能力是影响我国体能教练核心素养最重要和关键的因素。

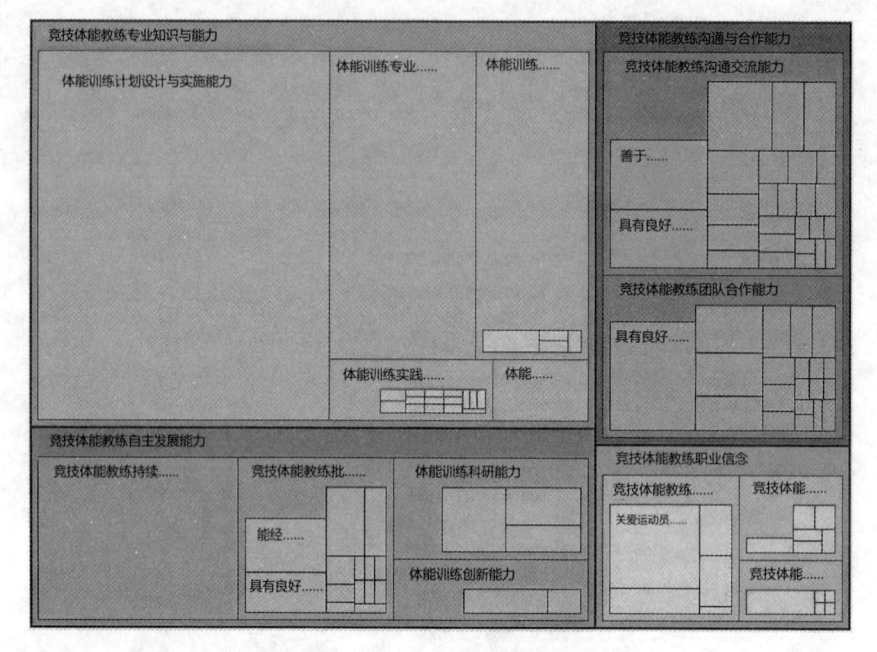

图 4.7　按编码参考点数量比较节点的结构示意图

4.2.4　选择性编码

选择性编码指的是对已发现的概念和范畴进行系统分析得到的一个"核心类属"，以"故事线"的形式进行串联。所谓"故事线"就是竞技体能教练核心素养模型的各种数据反映出来的现实情况和发展趋势所构成的脉络和路径，如语句—概念—主范畴—核心范畴。核心范畴在原始资料中频繁出现，能与其他类属发生关联，与其他类属相比更为抽象、更具有统领性，能够起到"提纲挈领"的作用。选择性编码有五个步骤：①阐明故事线，用原始资料以及由此发展出的类别、关系等来思考一个可以简要说明全部现象的核心，即故事线；②根据资料所呈现的因果条件、脉络、策略及结果等编码框架上的单位，把核心类别和附属类别连接到一起；③根据每一个类别所在的特定维度位置，也就是借维度的层次把各个类别加以联系；④用原始资料来验证上述类别间的关系，即我们要来来回回于原始资料和编码之间；⑤继续填补类别，使其具有细微及完备的特征，即达到理论性饱和[121]。

4 基于质性研究的我国竞技体能教练核心素养模型构建

本研究在选择性编码过程中遵循以能促进竞技体能教练终身发展和引领竞技体能教练职业发展的需求为选择核心范畴的基本原则。因此,本研究通过对14个范畴(B1 竞技体能教练职业道德、B2 竞技体能教练职业认同、B3 竞技体能教练职业精神、B4 体能训练专业知识、B5 体能训练计划设计与实施能力、B6 体能训练测试、监控和评估能力、B7 体能训练实操能力、B8 体能训练运动损伤预防能力、B9 竞技体能教练沟通交流能力、B10 竞技体能教练团队合作能力、B11 体能训练科研能力、B12 体能训练创新能力、B1 竞技体能教练持续学习能力和 B14 竞技体能教练批判性反思能力)和4个主范畴(A1 竞技体能教练职业信念、A2 竞技体能教练专业知识与能力、A3 竞技体能教练沟通与合作能力、A4 竞技体能教练自主发展能力)不断地反复比较分析,最终提出了用"竞技体能教练核心素养"这个核心范畴来统领其他的概念和范畴。这不仅体现竞技体能教练核心素养的建构过程,也体现竞技体能教练核心素养模型建构的关键因素。

4.2.5 理论饱和度检验

为了保证扎根理论研究的科学性和结果的准确性,需要进行理论饱和度检验。理论饱和度指的是研究者收集的新数据与已形成的类属进行对比,不能产生新的理论类属时,表明类属已达到"理论饱和"[122]。本研究在对第20份材料编码时,已不产生新的类属,表明理论已经饱和。但是,本研究为了保证研究过程严谨性和研究结果的可靠性,对预留的5份原始材料进行了三级编码(开放性编码、主轴编码和选择性编码),结果未出现新的概念、范畴和主范畴,表明本研究所构建的我国竞技体能教练核心素养模型达到了理论上的饱和,也就意味着不用再收集新的资料。

4.2.6 研究信效度分析

在质性研究中,一般不需要进行信效度分析,但是进行信效度分析,可以建立更接近真实的、整合的、具有解释力的理论。

4.2.6.1 研究效度

在质性研究中,效度指的是研究结果与实际研究的相符程度。在质性研究中,由于记忆问题、研究效应、文化前设和间接资料来源等原因会导致出现"效度威胁",从而可能导致研究结果的效度"失真"。在质性研究中一般采用"侦探法""证伪法""原始资料丰富程度法"或"反馈法"等方法来排除"效度威胁",以提高研究结果的效度。本研究根据研究需要采用"原始资料丰富程度法"的方法,来排除可能对研究结果的"效度威胁",以检验研究结果的可靠性和真实性。"原始资料丰富程度法"是指在质性研究过程中尽可能多地收集原始资料,来提高原始资料的丰富程度,并通过这些资料的丰富性尽可能地排除可能出现的"效度威胁",以提高研究结果的效度。在本研究中对原始资料的收集,包括国家体能教练、省队体能教练和职业队体能教练等三种类型的访谈对象,以便能够全面和详细地收集资料,以使原始资料更加丰富、全面,从而尽可能地排除"效度威胁",以提高研究的效度,保证了所建立理论的真实性和可靠性。

4.2.6.2 研究信度

为提高研究结果的稳定性与可靠性,本研究采用"三角互证法"进行编码信度检验。在扎根理论研究中,一般采用同意度百分比(内部一致性系数)作为研究信度的判断标准,同意度百分比＝相同编码数量/(相同编码数量＋不同编码数量)。若同意度百分比大于0.70,说明研究的编码内部一致性较好,具有较好的信度。[123] 同时,Miles 和 Huberman 认为编码的内部一致性不低于0.80,说明编码是在理想的可接受范围[124]。本研究在进行编码信度检验的过程中,参照徐庆瑞和朱炎军等人的做法,邀请一名博士生对原始材料形成的1395个参考点,按照意思相同或相近的原则对参考点进行整理与归纳,然后进行编码比较[125]。检验结果显示,两名编码者相同编码数为242条,不相同编码数为53条。由此可知,同意度百分比结果为0.82,超过了0.70的最低标准,达到了理想的可接受范围,说明本研究的编码内部一致性检验结果较高,具有较好的信度。

4.2.7 我国竞技体能教练核心素养概念模型的构建

根据提炼出的核心范畴,将研究的逻辑线概括为:竞技体能教练核心素养由竞技体能教练职业信念、竞技体能教练专业知识与能力、竞技体能教练沟通与合作能力和竞技体能教练自主发展能力4个维度构成。其中,竞技体能教练职业信念是竞技体能教练践行体能训练指导活动的精神力量,是竞技体能教练专业发展的动力源泉,属于竞技体能教练应具备的最基本的核心素养;竞技体能教练专业知识与能力和竞技体能教练沟通与交流能力,是竞技体能教练应具备的基础性和关键性的工具性素养;自主发展能力是竞技体能教练所具有的个体性素养,必须通过个体自主努力才能实现的素养。从职业需求和个体发展的视角来看,职业信念是竞技体能教练专业发展的精神力量和动力源泉;从职业本质视角来看,专业知识与能力是体能教练专业发展的职业力;从发展共同体的视角出发,沟通和合作能力是竞技体能教练专业发展的社会力;从自主发展的视角出发,自主发展能力是竞技体能教练专业发展的元能力和追求卓越的再生力。

在此基础上,构建了我国竞技体能教练核心素养的概念模型(图4.8),它由竞技体能教练职业信念、竞技体能教练专业知识与能力、竞技体能教练沟通与合作能力和竞技体能教练自主发展能力4个维度构成,以及由竞技体能教练职业道德,竞技体能教练职业认同,竞技体能教练职业精神,体能训练专业知识,体能训练计划设计与实施能力,体能训练测试、监控与评估能力,体能训练实操能力,体能训练运动损伤预防能力,竞技体能教练沟通交流能力,竞技体能教练团队合作能力,体能训练科研能力,体能训练创新能力,竞技体能教练持续学习能力,竞技体能教练批判性反思能力14个要点组成。由此可知,我国竞技体能教练核心素养是一个复杂和系统的内容体系,不仅包含影响竞技体能教练训练效果和质量的关键性知识、能力和态度,还包含了影响竞技体能教练工作的其他关键性素养,如沟通与交流能力、自主发展能力等。

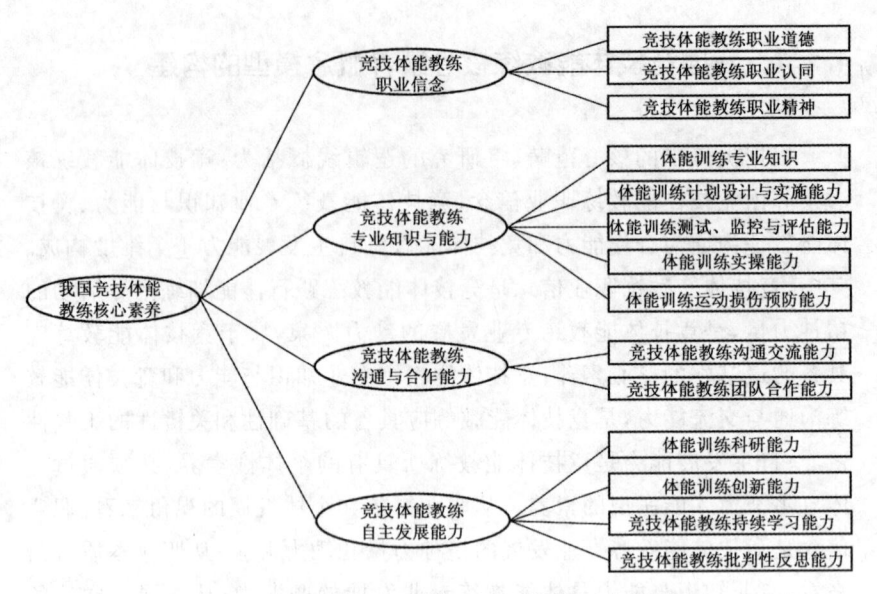

图 4.8 我国竞技体能教练核心素养概念模型图

4.3 讨论

  竞技体能教练是教练的重要组成部分,具有教练所具有的共性特征,不同项目、不同类型、不同性质类别的教练群体的核心素养也会有相似之处。因此,竞技体能教练核心素养的构成维度,在一定程度上与其他教练核心素养构成维度具有部分共同的维度。尽管在总体上,与不同类型(如跳水、体操等专项教练)的教练核心素养具有相似的构成维度,但是在不同维度下的子因素(指标),会因教练类型不同而不同。竞技体能教练具有自己独有的特征,因此在竞技体能教练核心素养的一些子因素(指标)上,与其他类型教练(如跳水、体操等专项教练)的核心素养有所不同,如体能训练测试、监控与评估能力,体能训练实操能力,体能训练防伤能力等指标是竞技体能教练所独有的。同时,在研究中对某群体核心素养维度的提出,不是对具体素养的表达,而是对某群体具体素养的高度概括。例如,国内学者建立不同教师(如体育老师、舞蹈老师、数学老师)的核心素养结构大多是由专业知识、专业能力和专业品质三个维度构成的,不同教师核心素养结构的根本区别在于各维度上的子因素不一样。因此,竞技体能教练核心素养与其他教练核心素养的区别,其根本不在于其构成维度上的区别,主要在于维度上子因素的区别,子因素代表各维度的本质和内涵,继而体现的是竞技体能教练核心素养的本质和内涵。

4.3.1 竞技体能教练职业信念

职业信念是个体职业成功的前提和基础,属于方向性核心素养。职业信念具有多重内涵,是职业道德、职业认同和职业精神的综合表达。职业信念是指个体对自己所选择的职业具有强烈的认同感和信任感。职业信念的产生取决于个体对所从事职业的理解,以认知为条件、情感为要素、理想为前提、实践为基础[126],能够引导个体的职业思想和行为。职业信念是个体职业走上成功的基本前提和保障,对个体的职业发展具有导向和激励的功能。正确的职业信念对竞技体能教练的职业生涯发展具有方向性意义。因此,本研究采用"职业信念"这一综合性、概括性较强的具体表述作为竞技体能教练核心素养基本结构的重要组成部分。

在访谈中有专家指出,由于体能训练工作的特殊性,在工作中会遇到各种困难和障碍,有时信念比他们的知识和能力更能帮助他们解决问题。成为优秀竞技体能教练的前提条件是他们对运动员、自己以及他们训练的目的、任务所持有的基本信念,而不是他们所具备的知识和能力。由此可知,竞技体能教练的职业信念在竞技体能教练训练实践中处于基础的地位,是其他能力生成、发展和提升的前提和基础,相当于金字塔的塔基。首先,职业信念是竞技体能教练实践活动的内在驱动力,能为竞技体能教练实践活动提供引导、调节和激励作用。其次,职业信念是竞技体能教练自我发展和专业发展的根本动力。因此,加强我国竞技体能教练职业信念的研究,可以促进竞技体能教练更好地全身心投入职业和专业发展中,为竞技体能教练可持续性协同发展提供理论指导。目前,我国还没有竞技体能教练职业信念的研究,亟须弥补这一领域研究的空白。同时,我国竞技体能教练整体上处于"无岗位、无认证、无编制"的职业发展环境,这对竞技体能教练的职业发展和核心素养提升是非常不利的。虽然我国的竞技体能教练处于这样不利的职业发展环境下,但是依然全身心为我国体能训练行业和竞技体育事业贡献自己的力量和智慧,主要是受自己的职业信念所驱动。职业信念不仅是竞技体能教练职业发展的核心内容和顶层结构,也是竞技体能教练可持续发展的内在驱动力,还是践行"立德树人"的根本要求。

竞技体能教练职业信念主要由竞技体能教练职业道德、竞技体能教练职业认同和竞技体能教练职业精神所组成,可以比较准确地反映我国竞技体能教练职业信念发展状况。

4.3.1.1 竞技体能教练职业道德

恩格斯说:"每个职业都有自己的道德。"竞技体能教练职业道德是指竞技体能教练在训练指导实践中遵循的价值取向、基本原则和行为规范,是竞技体能教练所具有的全面素养中较高层次的素养。竞技体能教练不同于其他行业的工作,他们是挖掘运动员潜能的设计者和执行者,有时面临着巨大的物质和利益诱惑,如给运动员提供兴奋剂或其他有利于提高运动员运动表现的药物,这样运动员的体能水平就能得到快速提高,就能在比赛中获得优异成绩,竞技体能教练就能获得一定的物质奖励。如果竞技体能教练没有良好的职业道德,就会为了自身的利益,使用非正规手段来提高运动员的成绩。这种行为不论对运动员来说,还是对一个国家竞技体育来说都是一种伤害。同时,竞技体能教练工作时间长、压力大,在备战重大国际赛事时甚至几个月时间都不能回家。另外,竞技体能教练工作内容繁多,在有些运动队中,体能教练不仅仅是体能教练,还要承担运动康复师的角色,给运动员进行运动康复和放松按摩,甚至还是运动队后勤保障人员,给运动队做一些与体能训练工作无关的事情。如果竞技体能教练没有良好的职业道德,那就不可能在不利条件下顺利完成各项工作任务。因此说,良好的职业道德是竞技体能教练完成体能训练工作的前提和基础,也是竞技体能教练超越自身利益去追求集体利益和国家利益的保障[127]。另外,教练具有良好的职业道德对运动员也是一种很好的教育[128],对促进运动员行为规范具有积极的示范作用。根据扎根理论的分析结果可知,我国体能教练职业道德主要表现为关爱和尊重运动员,用心从训;诚实守信,吃苦耐劳;以身作则,知行合一;以及遵守基本的职业道德和行为规范等,这与Meir和Nicholls[129]等人关于竞技体能教练职业道德研究结果相一致。

4.3.1.2 竞技体能教练职业认同

竞技体能教练职业认同是竞技体能教练对职业价值的充分认识,并且情感、态度倾向性都指向该职业。职业认同不仅是竞技体能教练良好职业道德的基础,而且是竞技体能教练职业发展和工作完成的关键。一般来说,具有强烈职业认同感的竞技体能教练,其职业的幸福感和成就感更高,会对工作单位表现出强烈的归属感,会全身心投入体能训练事业中,最终实现自己的个人价值和社会价值,得到社会的认可,提升自己的社会地位。同时,职业认同是竞技体能教练在体能训练过程中实际行为的主要动力,对体能训练质量和运动表现提高具有重要的影响。由于我国体能训练事业起步较晚,加上竞技体育体制的原因,竞技体能教练在运动队没有专门的岗位、编制设置,也没有职称评审通道。竞技体能教练能够一直坚守体能训练行业,更多的是源自其对竞技体能教练职业的认同和热爱。

4.3.1.3 竞技体能教练职业精神

竞技体能教练职业精神是指竞技体能教练具有其职业特征的道德理念和人生信念。竞技体能教练职业精神既是竞技体能教练职业观的集中体现,又是竞技体能教练职业发展和体能训练事业发展的现实需要。竞技体能职业精神不仅是竞技体能教练良好职业道德的基础,而且是竞技体能教练职业发展和工作完成的关键。通过对访谈资料和文本资料编码分析可知,奉献精神和工匠精神是竞技体能教练最主要的职业精神。

在我国竞技体能教练不是一般的职业,而是一个特殊的职业,要求竞技体能教练必须具备相应的职业精神。竞技体能教练工作核心是以运动员为中心,不断提高运动员的运动表现,以期实现预定的比赛目标。这意味着竞技体能教练所做的工作要围绕着运动员的比赛目标来开展工作。在我国为了备战奥运会和世界锦标赛等重大国际赛事,一般都会在国内或是国外进行封闭训练,这意味着竞技体能教练要以牺牲个人和家庭的生活为代价。在访谈中,有专家就提到为了备战东京奥运会有半年多都没有回家,在新冠肺炎疫情期间几个月不回家对所有备战奥运会的体能教练来说是一种常态。在疫情期间,竞技体能教练除了完成体能训练工作外,还要协助领队、主教练和康复师等完成其他任务。换句话说,奉献精神应是竞技体能教练最基本的职业精神。

体能训练具有为运动员提高竞技能力、降低损伤风险、增强心理作用、缓解慢性疼痛、促进恢复再生和优化专项技术的作用,其根本目的在于保证运动员健康前提下,帮助运动员训练以期达到他们最大基因潜力。这要求竞技体能教练在平常的体能训练中,要时刻保持严谨、专注、细心,正如工匠精神所倡导的:知行合一、注重细节、精益求精、追求卓越[130]。Greener、Petersen 和 Pinske 等人也认为在训练中注重细节、追求卓越是一名成功竞技体能教练应具备的重要品质[131]。因此,工匠精神是一名合格竞技体能教练应具有的首要特质和关键品质。

4.3.2 竞技体能教练专业知识与能力

竞技体能教练专业知识与能力是由竞技体能教练专业知识和竞技体能教练专业能力两部分组成的。竞技体能教练专业能力是竞技体能教练工作特征的主要外在表现,反映的是竞技体能教练以提升运动员运动表现和预防运动员伤病为目标导向,在组织训练中体现出的行为或能力,是衡量竞技体能教练各项专业能力的客观要素。竞技体能教练专业能力是体能教练的立身之本,是竞技体能教练提升运动员运动表现和预防运动员伤病应具备的基础性和关键性的工具性素养,也是竞技体能教练区别于其他类型教练所具有的显著特征。从竞技体能教练核心素养概念模型中可知,竞技体能教练专业能力是由体能训练计划设计与实施能力、体能训练测试与评估能力、体能训练实操能力和体能训练运动损伤预防能力共 4 项指标组成。

4.3.2.1 体能训练专业知识

体能训练专业知识指的是竞技体能教练必须掌握的体能训练学科的基本理论和基本知识。研究指出,专业知识是影响教练执教有效性的关键性因素[132]。但是，不同的学者对于教练在训练中或执教中所需专业知识分类是不一样的。Norman将专业知识分成程序性知识和陈述性知识，Nash和Collins将专业知识分成程序性知识、陈述性知识和默会知识[133]，Dorgo将体能教练专业知识分为运动科学知识和专业应用知识[134]。根据扎根理论分析结果，参考Dorgo对体能教练专业知识的划分，本研究将体能训练专业知识划分为运动科学知识和体能训练应用实践知识。

　　竞技体能教练不仅是教练，也是运动科学家，竞技体能教练必须熟练掌握运动科学知识。运动科学是用于指导运动实践的科学过程，其最终目的是提高运动员的运动表现。在本研究中，体能训练的运动科学知识主要是由功能解剖学、运动生理学、运动生物力学、运动营养学和运动心理学等运动科学知识组成，它是竞技体能教练掌握体能训练原理及规律必须具备的基础性专业知识。具体来说，功能解剖学和运动生理学知识是竞技体能教练制订训练计划的理论依据，运动生物力学知识是竞技体能教练科学和合理设计体能训练动作的理论依据，运动营养学知识是竞技体能教练为运动员提高运动表现和运动恢复提供饮食建议的理论依据，运动心理学知识是竞技体能教练为运动员合理设定目标和激励的理论依据。Anthony Turner和Nicholas Ratamess等国际著名竞技体能教练指出，要想成为一名成功的体能教练，必须对体能训练背后的运动科学基础知识有深刻的理解。美国体能协会主席JAY R. Hoffman指出，帮助运动员训练以期达到他们最大的基因潜力是每个竞技体能教练的目的，这需要竞技体能教练必须具备扎实的运动科学知识和体能训练实践性知识；竞技体能教练的专业发展必须建立在雄厚的运动科学知识之上，并能熟练应用这些知识，这是成为高水平竞技体能教练的必经之路。Burwitz认为，竞技体能教练的角色类似于跨学科体育和运动科学家的角色，他们利用和整合多个运动科学领域的知识来解决体能训练中的现实问题。在访谈中有多个专家指出，现代体能训练主要特征是运动科学和训练实践的深度融合，竞技体能教练必须扎根于运动科学，但是我国有些竞技体能教练对运动科学知识学习和掌握是不够的，导致他们对体能训练本质和规律掌握"知其然，不知其所以然"，不能真正把握体能训练的原理和发展变化规律，使得体能训练效果达不到预期。正如著名思想家爱默生所言："关于方法，可能有一百万，但原理很少。掌握原理的人可以成功选择自己的方法。"由此可知，运动科学知识对竞技体能教练训练能力和执教效果的重要性,也说明竞技体能教练不仅是教练,也是运动科学家。

体能训练应用实践知识主要是由专项体能训练理论知识、不同周期(宏观、中观和微观)训练计划的制订和实施知识、体能训练测试与评估知识,以及速度、力量、耐力和灵敏训练理论知识、专项竞赛规则知识、仪器设备使用知识等应用实践知识组成,它不仅是竞技体能教练最应具备的关键性知识,更是竞技体能教练区别于其他教练的、独有的知识。研究指出,如果一个竞技体能教练只掌握运动科学知识,而不具备熟练的体能训练应用实践知识,他不可能成为一个优秀的竞技体能教练[135]。竞技体能教练不仅需要掌握不同训练活动的神经系统、肌肉系统、结缔组织、内分泌系统、肌体代谢系统、呼吸与循环系统等身体适应、调节等方面的运动科学专业知识,也需要掌握体能训练应用实践方面的知识,如体能训练的测试与评估知识、体能训练设计与实施知识等[136-139]。同时,竞技体能教练必须具备体能训练仪器设备应用知识,这样竞技体能教练才能掌握数字化训练设备、软件、平台及其他新技术的常用操作。现在是智能化和信息化时代,科技助力已成运动员在国际赛场上夺金摘银的重要砝码,精准化训练是运动员突破极限的重要推手。如果竞技体能教练不具备现代体能训练仪器设备使用知识,就不会使用体能训练设备的高科技和"黑"科技。在访谈中就有专家指出,在一些项目的省队和国家队中,由于竞技体能教练不会使用先进仪器设备,使得这些仪器设备成为摆设,没有发挥应有功能和作用。这样的竞技体能教练在体能训练工作中就没有竞争力,迟早会被运动员、运动队和社会抛弃和淘汰。

4.3.2.2 体能训练计划设计与实施能力

体能训练计划设计与实施能力,是竞技体能教练必须具备的最基础和最关键的能力,由体能训练计划设计和体能训练计划实施两部分组成。

体能训练计划是竞技体能教练为实现训练目标预设的理论设计,是竞技体能教练组织训练的重要依据,是竞技体能教练完成训练的重要工具[140]。科学的体能训练计划设计,应是具体的、可测量的和可实现性的,应包含训练目标、训练周期、训练内容、训练负荷安排、训练方法与手段、动作准备与恢复再生等内容[141]。如果没有科学的训练计划设计,一切训练都是盲目的训练,会给运动员带来严重的后果。已有研究表明,安全和有效的体能训练计划必须满足运动员从事专项训练的特定需求。因此,在制订体能训练计划之前必须要对运动员所从事的运动项目进行详细的掌握,以及对运动员特点有清晰的了解,这样才能合理地设计和安排体能训练可变训练因素,如练习的选择、练习的顺序、负荷量、组数、组间和练习间歇时间等。那么,作为竞技体能教练须具备运动员和运动项目需求分析能力,这对准备设计体能训练计划非常重要。具体来说,要对运动员的伤病史、训练年限、个性特征、训练目标(短期、中期和长期)等要有合理的分析,要对运动项目的能量代谢特征、运动项目的生物力学特征、运动项目的运动损伤特点、运动项目的技战术特点、运动项目的比赛规则与制胜规律等方面有深刻的理解,这样才能在制订体能训练计划时分析和控制每一个可变的因素,真正设计一个科学、安全、有效且目标明确的个性化体能训练计划,真正提高运动员的专项运动成绩和减少运动损伤。比如说,如果一个竞技体能教练对某专项的运动生物力学特征有清晰的掌握,那么他就能确定体能训练中动作关键要素,如完成动作的类型、动作速度的要求、运动中肌肉的收缩形式等方面因素,这对力量训练练习手段的选择具有重要的作用,有利于提高体能训练的针对性和有效性,避免出现体能训练的随意性和盲目性。

竞技体能教练训练计划实施能力,其实质指的是竞技体能教练训练指导能力,是竞技体能教练执教能力的集中体现。体能训练计划实施是体能训练核心环节,其实施的好坏不仅是评定竞技体能教练执教能力的关键指标,也是评价竞技体能教练执教艺术的具体体现。体能训练的本质就是人与人之间的互动,就是体能教练通过采取一些方法和手段让运动员安全有效地完成体能训练计划的任务和目标,以达到提高运动员运动表现和竞技能力的训练目的。但是,人具有复杂性和不可预测性,要想运动员听从竞技体能教练训练安排,要求竞技体能教练在体能训练中必须具备较高的训练指导能力,如在体能训练过程中能与运动员进行良好的互动,能对运动员的表现及时给予反馈和评价,能运用语言、肢体动作给予运动员肯定和鼓励等,这样才能积极调动运动员参与训练的内在动力,促使运动员真正有效地完成训练计划。正如Gilson、Chow、Ewing和钟秉枢等人所言,教练的有效领导和适时激励,能够激发运动员的内在动机和成就动机[142-143],这要求竞技体能教练在体能训练过程中能给予运动员肯定和信任,这样运动员的自信心就会提高。当运动员信心增强时,运动员在训练和比赛中就会更快地"放松",正如 NFL 体能教练 Joe.Kenn 所言,"从力量房到比赛现场的第一可以转移的东西就是信心"。同时研究表明,体能训练实施过程实际就是教学实施过程,体能教练其实就是体能教师[144]。这要求竞技体能教练必须具备相应的教学指导能力,如动作讲解、示范与纠错能力、课堂组织管理能力、心理激励能力、及时提示和反馈、善于观察等,这也是竞技体能教练执教艺术的具体体现。例如,在访谈中有体能训练专家就提道:"体能训练过程其实质就是教学过程,对运动员进行训练不仅包括生理和技能层面,还有心理层面。竞技体能教练在训练时要善于观察运动员的动作和表情来评估他们的状态和心理,在训练时及时给予引导和激励,以达到更好的训练效果。"竞技体能教练只有具备相应教学指导能力,才能高效地实施体能训练计划,真正提升运动员的运动表现。

4.3.2.3 体能训练测试、监控与评估能力

"无测评不训练""无监控不训练""无评估不训练",这是现代化体能训练和数字化体能训练对竞技体能教练的根本要求。体能训练计划的设计必须建立在对运动员体能训练测试、监控与评估的科学数据基础之上,如果没有这些数据提供基础值和跟踪值,那么竞技体能教练就无法设计和实施个性化体能训练计划,这样的训练就不是个性化、精准化和科学化的训练,不符合现代体能训练发展的需求[145]。体能训练测试、监控与评估作为体能训练的逻辑起点,能够帮助竞技体能教练在源头上树立正确的体能训练方向,能够帮助竞技体能教练准确把握体能训练全过程,能够帮助竞技体能教练对训练目标精准定位和对训练过程精准掌控。如果一个竞技体能教练不懂测试、监控和评估,就不能评价整个训练计划或单次训练课的有效性,就不能对运动员的运动能力进行长期跟踪测试,就不知道运动员的力量、速度或耐力等运动素质的优劣势,这样就不能检验体能训练计划的有效性。如果一个竞技体能教练不懂测试、监控与评估,就不会对运动员身体和运动状态进行监控和评估,就不能为运动员合理和精准地安排或调整运动负荷(如强度、负重、运动量等),很容易导致运动员过度训练和过度疲劳,也就会给运动员运动损伤带来

非常大的风险。

由此可知,体能测试、监控与评估能力是体能训练的重要环节,国家体育总局印发的《竞技体育"十三五"规划》中指出,没有测试、监控和评估就没有训练[146]。研究表明,在 NBA 要想担任体能教练就必须具备四种能力,其中之一就是体能教练必须要具备体能测试、监控与评估能力[147]。NBA 作为一个高度商业化和职业化的体育组织,对体能教练各方面能力要求是非常高的,可见体能测试、监控和评估能力是体能教练必须具备的关键能力。在美国、英国和澳大利亚等国对体能教练的认证考核中,体能测试、评估是必考内容,且考核比重较大。无论从体能训练的工作职责来看,还是从体能教练的认证来看,体能训练的测试、监控和评估在体能训练中都具有十分重要的作用,体能测试、监控和评估已成为体能训练的基本准则。作为一名合格的竞技体能教练必须具备体能测试、监控与评估能力,具体来说竞技体能教练必须会对运动员的健康风险、身体成分、肌肉力量与耐力、心肺耐力、速度与灵敏、灵活性与稳定性、功能性评估(姿态评估、步态评估)、功能性动作筛查评估(FMS)和选择性功能动作筛查评估(SFMA)等方面进行测试与评估[148],以及对运动员的训练量、训练后的反应、生理指标、心理状态、健康状态等方面进行监控,来判断是否存在过度训练或训练不足等,便于及时调整训练计划。具体来说,作为一名竞技体能教练,要根据运动员的特点和运动项目特征,合理确定测试内容(力量、爆发力、速度、灵敏性测试),合理选择测试形式(现场测试、实验室测试)、程序、仪器设备等以保证测试的信度和效度,并能熟练使用统计软件(Excel、Spss 等)准确地分析测试的结果,区分有意义的变化和趋势,最终提供最佳的实践法则。此外,竞技体能教练还能用有意义的方式,正确地向专项教练、运动员及其他相关人员传达和解释测试结果。

总之,竞技体能教练具备体能训练测试、监控与评估能力,不仅能为运动员提供最适宜和最有效的体能训练计划,有利于减少运动损伤的发生,提高运动员的运动表现,科学评价体能训练计划的有效性和运动员的专项潜力,合理设置运动员的体能训练目标等,也能提高竞技体能教练的业务能力和工作效率。

4.3.2.4 体能训练实操能力

体能训练实操能力指的是竞技体能教练能将所学的知识与技能应用到体能训练实践中的能力。根据质性研究结果,体能训练实操能力主要是由安全保护技能和运动技能构成,这是竞技体能教练与其他教练(如康复教练、技战术教练等)所具有核心素养的最大区别之一。

体能训练安全保护是体能训练顺利进行的根本前提和重要保障。体能训练具有一定的风险性,需要竞技体能教练具备良好的安全保护技能。首先,竞技体能教练具备心肺复苏和运动急救能力,这是体能训练安全保护的首要原则。在美国体能协会、英国体能协会、澳大利亚体能协会和中国科学学会体能训练分会等体能训练专业组织中进行体能教练资格认证是一条重要的原则,要求体能教练必须具备心肺复苏和运动急救的能力,否则就不能进行体能教练认证。王家力在研究中也指出,运动急救课程应是教练员的必修课程,教练员必须具备运动急救方面的知识和能力[149]。其次,竞技体能教练须掌握体能训练保护与帮助技能,才能更好地避免运动员受伤,顺利完成训练任务,特别是在力量训练中要给予运动员相应的保护。再次,竞技体能教练须具备体能训练环境风险评估和识别风险的能力,为运动员提供安全的训练环境,如训练场地设施是否安全、训练器械设备摆放是否合理等。在训练前应该对体育器械、设备和场地等应进行严格的安全检查,给运动员创造一个安全的训练环境,这不仅是竞技体能教练的基本职责所在,也是避免运动员发生运动损伤的一个重要前提和根本保障。

体能训练是一门应用性和实践性非常强的科学,要求竞技体能教练自身必须要具有较好的运动技能,这也是成为一名优秀竞技体能教练必备条件之一。在本研究中运动技能主要指的是竞技体能教练在训练中能对活动准备、力量训练、速度训练、耐力训练、灵敏训练、恢复再生等运动技术方面进行教导和评价。首先,要求竞技体能教练自身要有较高和全面的运动技能,这是对运动员动作技术进行教导和评价的前提。最好的竞技体能教练是可以证明自己所教内容的,但这并不意味着竞技体能教练要比短跑运动员力量更大,重要的是竞技体能教练能进行正确的示范,为运动员提供一面镜子。一个竞技体能教练本身不具有相应的运动技能,就不能在训练中给予运动员正确的动作示范。例如,一个竞技体能教练本身不会高翻,那么在实际训练中他就不知道如何进行身体和肢体的准备、如何发力、如何呼吸等。其次,竞技体能教练能对运动技术进行教导和评价。竞技体能教练除了对力量、速度和灵敏性等运动技术能进行规范的演示之外,还要能对力量、速度和灵敏性等运动技术进行教导和评价。体能训练过程本身就是一个体能教学的过程,要求竞技体能教练在教授运动技术时能及时且合理地进行教导和评估,同时能对错误的动作及时进行纠正和调整,这样运动员就能够真正理解动作的要领和动作的关键点。例如在教授运动员高翻运动技术时,可以在关键用力点给予运动员提示,并对运动员整个高翻动作练习过程进行评价,这样运动员就能知道自己哪些方面需要注意,在下一次练习中如何能做得更好。

4.3.2.5 体能训练运动损伤预防能力

国家体育总局在2019年备战东京奥运会和北京冬奥会时就专门指出,要把强化体能训练,作为运动员预防运动损伤的重要手段;在2022年备战巴黎奥运会时要求,要把狠抓体能作为国家队运动员防伤病的重要手段,要将体能训练与运动损伤预防结合起来,这要求竞技体能教练必须具备体能训练运动损伤预防能力。正如国际著名体能训练专家Michael Boyel所言:"对于专业的体能教练来说,体能训练的首要目标是预防运动损伤;特别是在竞技体育中,体能训练的成败更多是通过运动员的健康来衡量,而不是输赢来衡量的。"[150]在我国要想成为一名精英运动员一般需要15—20年左右的时间,需要国家付出大量人力、物力和财力,一旦遭受较大的伤病,一般很难恢复到最佳水平,甚至有些运动员不得不在"黄金年龄"被迫提前退役,对集体和国家来说是一个巨大的损失。由此可见,预防运动员运动损伤是竞技体能教练一项非常重要的工作,这要求竞技体能教练必须具有体能训练运动损伤预防能力,这与世界著名体能训练专家Michael Boyle观点一致,他认为竞技体能教练进行体能训练的主要目的之一,就是要预防和减少运动员运动损伤,要求竞技体能教练必须具有预防运动员运动损伤的相应知识和能力[151]。有研究指出,竞技体能教练是运动员预防运动损伤重要参与人,具备一定的运动损伤预防、评估和康复能力是高水平体能教练的重要标志[152]。根据对国内体能专家访谈可知,目前我国大多数竞技体能教练在运动损伤预防、评估和康复能力方面还有待提高，这也是我国竞技体能教练和国外高水平竞技体能教练执教水平差距较大的主要原因。

  在竞技体育中运动员运动损伤的预防关键在于要有意识和有目的地把预防运动损伤的训练计划加入整个体能训练计划中，以预防和减少运动员在训练和比赛中发生运动损伤。由于各运动项目都有自己的技术特点，人体各部位的负担量不尽相同，因此，各运动项目发生运动损伤概率是不一样的，各运动项目都有人体的易伤部位，例如网球运动员容易造成"网球肘"，长跑运动员容易导致膝盖外侧疼痛症候群等。那么作为一名合格的竞技体能教练，就必须能够清晰回答以下几个问题：一是某专项发生运动损伤的概率有多大？二是某专项常见的损伤部位有哪些，且这些损伤是如何发生的？三是能否识别特定运动员或运动员群体发生运动损伤风险和潜在损伤趋势？四是如何根据运动项目的损伤特点有针对性地制订预防性防伤训练计划，通过训练强化正确的动作模式，减少或降低这些损伤发生的风险？这样竞技体能教练就能掌握运动项目运动损伤的特点和规律，能够在平时训练中加强运动员易伤部位和相对较弱部位的训练，提高他们的功能，这对预防运动员运动损伤和保持健康水平有着重要意义。例如，肩部是排球运动员常见的损伤部位，那么作为保护与预防机制，竞技体能教练应把肩袖训练贯穿在整个年周期训练计划之中。同时，竞技体能教练具备对运动员进行恢复再生方面的指导和训练能力，也是竞技体能教练防伤能力的重要体现。如果运动员恢复不足，不仅容易造成运动员运动表现能力的降低，也容易造成运动员运动损伤概率的增加。因此，竞技体能教练应具备运动员恢复再生的手段和策略，如泡沫轴、全身性冷疗、压缩服装、神经肌肉电刺激等恢复再生手段和策略，以增进运动员的恢复，降低运动员运动损伤发生的风险。

  总之，对访谈材料所涉及的有关体能训练的专业知识、测试、评估、实操、运动损伤预防等内容统称为竞技体能教练专业知识与能力。这些知识和能力不仅是竞技体能教练顺利完成体能训练工作任务的根本保障，也是竞技体能教练实现自身社会价值的基本要求，还是竞技体能教练核心素养的重要组成部分，更是与其他教练（如专项教练、康复教练）核心素养的最大区别。

4.3.3 竞技体能教练沟通与合作能力

体能训练的本质就是人与人、人与社会之间的互动,竞技体能教练指导的是人,而不是运动:最重要的不是技术、训练方法,而是如何与你执教的运动员建立沟通和合作,体能训练工作的特殊性要求体能教练必须具备良好的沟通与合作能力。正如世界著名体能训练专家 Anthony Turner 和 Paul Comfort 指出,本质上竞技体能教练的任务就是与专项教练、物理治疗师、相关专业人士以及运动员的有效沟通和密切合作,共同提高运动员的运动表现,并降低运动损伤的风险。从发展共同体的视角出发,沟通和合作能力是竞技体能教练专业发展的社会力。在本研究中竞技体能教练沟通与合作能力是由竞技体能教练沟通交流能力和竞技体能教练团队合作能力构成,沟通交流是团队合作的前提,团队合作是沟通交流的结果[153]。

4.3.3.1 竞技体能教练沟通交流能力

沟通交流能力是竞技体能教练最重要的技能,它是竞技体能教练的一种"软实力",是竞技体能教练有效训练和指导的根本前提和关键基础。良好的沟通交流能力是竞技体能教练执教艺术的重要体现[154],也是竞技体能教练执教有效性的高级执教行为[155]。美国体能协会和英国体能协会专门把沟通交流能力纳入体能教练专业指南或认证考核中[156-157],由此可见沟通交流能力对竞技体能教练专业发展和执教能力影响的重要性。正如著名教练哈里·马拉所言,教练的艺术归结为沟通,它是连接教练执教科学与执教艺术的桥梁,是教练应具备的最重要的素质;正如著名运动专家安娜·哈特曼所言,教练工具箱最强大的工具就是语言,教练要主动与运动员进行沟通交流;正如诺基亚 CEO 奥利拉提和爱立信 CEO 柯德川都所言,沟通交流能力是工作中最重要的技能,没有什么比有效沟通交流更为重要的了。通过对原始资料的编码分析可知,竞技体能教练沟通交流能力主要由主动倾听、有效沟通、文字表达和国际交流组成。

主动倾听是进行有效沟通的前提[158]。Rackman 认为优秀的人往往是一个优秀的倾听者,主动倾听他人的意见是一项比展示你知道多少的能力更有价值的技能,特别是对竞技体能教练来说一定要主动倾听运动员对体能训练的感受和感觉,并给予运动员足够的理解、尊重和支持,运动员就会更加信任你。著名体能训练专家 Alejio B 指出,竞技体能教练要主动倾听运动员关于训练有关的内容,也要学会倾听运动员分享敏感、有时令人痛苦的信息。这样不仅有利于竞技体能教练了解运动员的心理和思想状况,也有利于采取一些积极的激励措施,促使体能训练计划顺利和有效的实施。

有效沟通是评价竞技体能教练执教有效性的重要指标,竞技体能教练要想取得成功就必须与运动员、主教练、生理生化科研教练等相关人员进行有效沟通[159-160]。对运动员来说,竞技体能教练通过有效沟通能够避免把问题复杂化,使双方在行为和心理达成默契,容易促使运动员在训练中产生积极的心理效应,从而促进训练效果的提升。Wulf、Bell 和 Benz 等人也表明:教练的指令是否清晰和准确,会影响运动员的表现。一般来说,竞技体能教练能用运动员的语言,简洁、通俗地将自己的训练理念、方法、手段等传递给每一个运动员,让每一个运动员都能够清晰地掌握和理解,正如爱因斯坦所说,"你如果不能简单地解释,说明你没有很好地理解。"例如,竞技体能教练在教授罗马尼亚硬拉时,如果使用"大腿后侧和臀大肌的髋关节铰链模式"这样的专业术语进行提示和沟通,运动员可能就不会理解,应使用"尝试让你的臀部接触到你身后的墙"这样通俗易懂的语言,运动员更容易理解,并且做得更好。通过有效沟通能保证竞技体能教练把自己的训练思想、方法和理念清晰地传达给运动员,这样可以让运动员清楚了解训练目的和目标,能够让运动员更加积极主动地完成训练任务。通过与运动员有效沟通,能够准确了解运动员的运动和心理状态,这样可以对训练计划进行针对性的调整,更好地达到训练效果。

一般来说,在训练中竞技体能教练得到主教练支持是至关重要的,但是竞技体能教练与主教练在训练理念上往往存在冲突或摩擦,竞技体能教练要学会用主教练的语言和他们进行有效的沟通,使得体能训练工作顺利开展。竞技体能教练通过与主教练的有效沟通,可以更好理解主教练的训练目标和比赛目标,以及把握主教练最关心和最担心运动员哪些体能方面的问题,让体能训练更具有针对性和目标性。竞技体能教练通过与生理生化科研教练进行有效沟通,让自己能够更好地理解运动员生理生化指标的含义,更好地评价体能训练负荷的大小与合理性、评价体能训练方法与手段的合理性与有效性、评估体能训练恢复方法与手段的合理性与有效性,以便自己能够及时评价和调整训练计划,真正运用科学的体能训练方法提高运动员运动表现、防止运动员过度疲劳和预防运动员运动损伤。总之,通过与主教练、技战术教练、康复师、科研教练等人有效沟通,能够让大家为实现团队目标协同合作。

竞技体能教练不仅要具备语言交流能力,也需具备文字表达能力。体能训练计划的总结、体能测试和监控结果表述、体能训练科研成果撰写等都需要体能教练具备良好的文字表达能力。竞技体能教练除了能够主动倾听、有效沟通和文字表达等能力外,还应具备国际交流能力。毕竟,相对于美国、英国和澳大利亚等体能训练强国来说,我国体能训练的发展还处于刚起步阶段,很多体能训练理念、方法、手段,以及体能训练设备都是从国外引进的。如果竞技体能教练不具备国际交流能力,就不能与国际顶尖体能教练进行深度交流和合作,就看不懂国外最新的体能训练前沿研究成果。这样我们就不能及时地吸收国外先进的体能训练理念,会造成我国体能训练的理念和水平一直处于落后的被动局面。在访谈中,许多专家表示要想成为一名高水平竞技体能教练应具有国际交流能力,才能及时掌握体能训练的前沿知识和最新资讯,才能不被信息化时代淘汰。虽然国外一些经典的体能训练著作被国内一些学者翻译过来,但是由于时间和信息的延时性和滞后性,会导致我们不能及时了解国际上体能训练发展趋势。因此,作为一名竞技体能教练应具备一定的国际交流能力,才能及时掌握国际体能训练发展趋势和发展规律,才能不断提升自身的执教能力和水平。

4.3.3.2 竞技体能教练团队合作能力

竞技体能教练团队合作能力是建立在相互信任基础之上,发挥团队精神、互补互助以达到团队最大工作效率的能力。我国竞技体育和职业体育的快速发展,得益于各运动队组建了复合型教练团队,发挥了协同合作的作用。复合型教练团队是以主教练为核心,依据项目特点和队伍需要配备训练、科研、心理、医疗、康复、体能等交叉学科成员[161],以提高运动员的运动表现为核心[162]。复合型教练团队机制的建立,目的是发挥团队的智慧,这要求团队各成员之间建立信任、团结合作,以实现共同的愿景。通过对原始数据的编码可知,竞技体能教练团队合作能力主要由建立信任和团队合作两方面构成。

建立信任方面,研究表明竞技体能教练获得运动员信任,是竞技体能教练开展工作的必要条件[163]。对运动员来说,只有获得他们的信任,才会对体能教练敞开心扉,相信你的训练计划会使他们变得更好,而不仅仅是认为你会做最适合他们的事情。如果竞技体能教练不能与运动员建立良好的信任关系,就很有可能导致训练计划的失败。竞技体能教练在工作中要主动取得运动员和主教练的信任和认可,特别是当你取得了运动员的信任,你就成功了一半[164]。如果运动员对你不信任,运动员就不会主动接受你,甚至会排斥你,就不会积极地投入训练中[165]。在这种情况下,教练员与运动员就会缺少信任和互动,就会影响运动员训练的积极性,训练效果和质量会受到不利影响,进而降低运动员运动表现水平[166]。Douge B 和 Fraser Carson 等人研究指出,教练—运动员互动关系是影响教练训练效果和质量的重要原因[167-168]。Jowett、Nash 和 Trudel 等人研究指出,教练—运动员的良好互动有利于提高执教有效性和训练效益[169-171],而良好的互动前提就是教练员与运动员之间要相互信任[172]。同时,竞技体能教练要与团队成员之间相互信任,特别是要取得主教练的信任,才能齐心协力为了共同的目标。竞技体能教练作为自己负责的运动队队伍文化的建设者和规则的制定者,竞技体能教练取得主教练充分信任,不仅有利于与运动员建立信任关系,也有利于自己工作的顺利开展。因此,竞技体能教练作为运动队的重要组成部分,不仅要取得主教练和教练团队成员的信任,也要取得运动员的信任,这是顺利开展工作的前提。竞技体能教练与运动员和教练团队建立信任后,大家才能开始为同一个目标,密切合作,共同努力。

在团队合作方面,竞技体能教练作为复合型教练团队的重要组成部分,需要与主教练、技术教练、科研教练等团队成员密切协同配合[173],通过与他们的合作不断提高自己的执教水平和综合素养。首先,竞技体能教练应加强与主教练的相互协作,便于掌握专项体能训练的需求,更好地设计专项体能训练方法和手段;其次,竞技体能教练应加强与运动康复师、队医等合作,便于自己能更好地了解运动员遇到损伤风险的方式和运动员的运动损伤或治疗状况,并通过预防整合训练计划来预防运动损伤,以便能在体能训练和比赛中最大限度地避免运动员运动损伤发生的风险[174]；第三，竞技体能教练应加强与生理生化科研人员的密切配合，毕竟训练过程是运动员运动能力变化的过程，很难直接判断或用生物学标准方法来诊断，需要通过生理生化科研人员的支持和协助，以便于自己掌握和理解运动员的生理生化机能指标变化，并运用生理生化方法来说明或评价训练目的、训练方法和负荷的合理性、科学性和效果，以及机体对运动训练产生的适应信息、恢复效果等，从而帮助竞技体能教练了解训练效果，以便正确评价和调整训练计划，避免训练不够或过度训练，从而最大限度提高运动员的训练效果和运动表现；最后，竞技体能教练应加强与管理人员之间的合作，确保体能训练场地、设施能够满足运动员体能训练安全的需要，避免非人为因素影响训练计划的执行和造成运动员运动损伤。

总之，运动员的体能训练是一项复杂和系统的训练体系，涉及多个学科知识和能力，竞技体能教练不可能在每个学科和领域都非常擅长，体能教练需要与其他团队成员一起合作，解决体能训练中的一些具体问题。这意味着竞技体能教练应主动提升自己的团队合作能力，这样有利于教练团队成员之间建立信任、互补互助、信息共享，确保形成体能训练的团队合力，促使大家为了同一个团队目标共同奋斗，最终提高运动员的运动表现和运动成绩。

4.3.4 竞技体能教练自主发展能力

自主发展是专业人员主要的专业属性[175]，而竞技体能教练作为专业人员，应该具有自主发展能力。竞技体能教练自主发展能力主要表现为竞技体能教练能主动承担专业发展的责任，提升"自适应能力"以应对体能训练领域和体能教练职业的发展变化。随着社会的发展，核心素养在注重竞技体能教练社会价值的同时也在关注竞技体能教练的自主发展能力，竞技体能教练在指导运动员训练时也应该注重自我发展。否则，就不知道自己有哪些不足，就不能给运动员提供最佳的体能训练服务和体验，那么就容易失去运动员的信任。本研究通过对原始材料进行不断归纳，提出了竞技体能教练自主发展能力这一核心维度，它是由体能训练科研能力、体能训练创新能力、竞技体能教练持续学习能力和竞技体能教练批判性反思能力组成。在竞技体能教练专业发展中，体能训练科研能力与创新能力相互作用,共同推动竞技体能教练高质量发展,它是竞技体能教练专业发展的再生能力;竞技体能教练的持续学习能力和批判性反思能力相互促进,是竞技体能教练专业发展的元能力。

4.3.4.1 体能训练科研能力

现代竞技体育,不仅是运动员的比拼,也是科研、信息等方面全方位的比拼[176]。一个好的竞技体能教练需要成为一个好的科学家,不断的科学研究可以使竞技体能教练掌握最新的前沿思想,更好促进运动员竞技能力的提升。这要求竞技体能教练必须具有较好的科研素养,才能适应现代竞技体育的发展。通过扎根理论研究结果可知,竞技体能教练的体能训练科研能力具体由体能训练科研思维、问题意识和实践检验组成。体能训练本质是一个不断的科学验证过程,每一次训练就是一次实验,即竞技体能教练通过采用不同训练方法和手段来提高运动员体能训练水平的过程。实际上,原创性上的体能训练科学研究是推进竞技体能训练科学化的唯一路径。这要求竞技体能教练在训练中要用科研思维来思考训练的方法、手段、内容和过程。

Ian在研究中指出,竞技体能教练要想提高执教的有效性,就必须具备科研思维能力[177]。苏炳添的教练团队就是典型的科研型教练团队,兰迪·亨廷顿(苏炳添的主教练)多次提到不管是主教练,还是团队其他成员都须具备科研思维能力,才能在训练中更好地发现问题和解决问题。竞技体能教练有了科研思维,就会产生问题意识,会时刻思考哪些是运动员体能的薄弱环节,哪些体能方面运动员可以提高,训练计划是否可以改进等。当一个问题在脑海中产生后,竞技体能教练就应该想办法来解决该问题,并进行实践检验。实践检验是竞技体能教练科研能力的具体体现,竞技体能教练可以运用仪器和设备进行体能训练科学研究,并把研究成果撰写成科研论文进行发表,不仅可以完善自己的执教理念并表达自己的观点,还可以让同行学习和评价。例如,当今体能训练领域的领军人物澳大利亚体能协会主席Dan Baker就是一个典型的科研型竞技体能教练,他擅长进行体能训练科学研究,并擅长将体能训练科研成果和数据转化为竞技体能教练能够理解和使用的训练方案,为竞技体能教练提供科学有效的进阶策略。Dan Baker在论文中描述的体能训练方式已被西班牙、法国、意大利等职业联赛的足球体能教练,以及澳大利亚的曲棍球和橄榄球等项目的体能教练所采用。由此可知,体能训练科研能力是体能教练核心素养的重要组成部分,是竞技体能教练凝聚和提炼自己训练思想的有效途径,对提高竞技体能教练执教有效性具有积极推动作用。

4.3.4.2 体能训练创新能力

体能训练具有变化性、复杂性和情境性,要求竞技体能教练不断探索体能训练的规律,以发现和解决体能训练的具体问题,这要求竞技体能教练必须具备创新能力。创新能力不仅是高水平教练员的必备能力[178],也是不断提高运动员竞技能力的不竭源泉[179]。《NBA教练员培训手册》就提道:"教练的发展离不开创新,运动员运动成绩的突破更是离不开创新。"在访谈中有专家指出,竞技体能教练如果没有创新能力就没有发展,更不可能成为一名优秀的竞技体能教练,这与Kraemer[180]等人的看法一致:教练要想获得成功就不能守旧,要力求创新。可见,创新能力是竞技体能教练解决体能训练实际问题和满足运动员体能训练需求的关键能力[181]。正如Ian所言,创新思维能力是竞技体能教练提高执教有效性的必备能力[182]。当竞技体能教练具有创新思维能力时,就会主动改变已有训练方法和手段,寻求新的训练方法和手段,不断突破常规,以提高体能训练的质量[183]。竞技体能教练的体能训练创新能力体现主要包括体能训练动作设计能力和主动探索能力。体能训练的本质其实就是动作的训练,动作承载着各个训练变量,这需要竞技体能教练必须具备训练动作设计能力。竞技体能教练需要结合专项设计体能训练动作,需要结合训练内容设计体能训练动作,这样的训练才具有专项性、精准性。在我国,竞技体能教练专项体能训练能力较国外竞技体能教练来说相对要差一些,这也是我国一些国家队和职业队高薪聘请国外体能教练的直接原因。我国竞技体能教练专项体能训练水平较低,关键原因在于竞技体能教练缺乏专项体能训练动作设计能力和主动探索意识。主动探索是竞技体能教练创新能力的实践表达,包括能够根据专项特征创新创编体能训练方法与手段、能够创造性进行训练方法和手段的设计和组合、能够根据训练目的编排新的训练方法等。

4.3.4.3 竞技体能教练持续学习能力

随着现代社会信息化的快速发展,社会已处于知识爆炸的时代,知识的更新和迭代日新月异。如果人不能持续学习,就不能与时俱进,就不会跟上社会的发展,毕竟以往成绩并不代表以后,这样迟早会被社会和时代所抛弃。体能训练作为社会发展的产物,也在快速地向前发展,体能训练知识在不断更新,体能训练"信息池"在不断增长,导致体能训练理念、内容、方法和手段也在不断更新。如果竞技体能教练没有持续学习的能力,就跟不上体能训练知识更新的速度,就不能准确把握现代体能训练的发展规律和趋势。研究也表明,要想成为一个优秀的竞技体能教练,要有成长型和开放性心态持续不断地学习[184],如要有"我知道我还有很多的东西不知道"的概念并付诸行动,这样才能持续不断地提高自己的执教水平,才能获得运动员的信任。例如,当你把新的力量技术运用到运动员的体能训练中时,他们就会认为这些新技术会使他们变得更好,就会更加信任你。如果竞技体能教练不能持续学习,不能及时掌握体能训练最新的理念、方法、手段和技术,很容易进入"天花板"模式,运动员就会逐渐失去对竞技体能教练的信任,就会导致训练计划无法顺利地开展和实施,就会阻碍运动的成长和发展,正如著名体能训练专家 Buddy Morris 所言:"你必须每天要学习,如果你限制了你的知识,你就会限制你的能力;你限制你的能力,你就限制了你的运动员发展。"

一名优秀的竞技体能教练,不仅是运动员运动表现的指导者,也是运动员的人生导师。竞技体能教练不仅要帮助运动员提高运动能力,也要帮助运动员解决生活中的难题,正确地引导运动员,这样就能达到更好的训练效果。因此,竞技体能教练仅学习体能训练相关的专业知识是远远不够的,还需学习其他方面的知识,如管理学、社会学、教育学、心理学等方面的知识,正如 Johnny Parker 教练所言:"普通人有一台电视,但优秀的人有一个很大的图书馆。"这要求竞技体能教练始终要保持强烈的求知愿望,做到"知行合一"且"行胜于言",不断提升自己的综合素养。同时,竞技体能教练作为专业人员,其体能训练指导过程其实就是竞技体能教练持续学习的专业过程,这就要求竞技体能教练应该成为专业的持续学习者。竞技体能教练作为一个专业的持续学习者,其不断持续学习过程不仅是自我知识体系自主建构过程,也是自我核心素养不断

4 基于质性研究的我国竞技体能教练核心素养模型构建

提升过程。由此可知,持续学习能力是竞技体能教练不断进步的根本保障,是竞技体能教练获取体能训练新理论、新方法和新手段的根本来源,是竞技体能教练不断提高核心素养水平的根本手段,是竞技体能教练成功执教和专业可持续发展的根本保障[185]。

4.3.4.4 竞技体能教练批判性反思能力

反思能力是专业人员自主发展的关键变量,是专业人员可持续发展的一种元能力,已作为多种核心素养框架的重要内容[186-188]。当前有17个国际组织(如OECD)和经济体(如美国)的核心素养框架都把自我反思作为其中的重要内容[189],这充分说明反思能力在个体核心素养养成过程中的重要地位,在竞技体能教练核心素养研究中应该予以足够的重视。

竞技体能教练批判性反思能力是竞技体能教练将自我和体能训练活动作为批判对象,能客观地进行自我评价和辩证地认识训练活动的能力。这需要竞技体能教练具有较好的独立思考能力和良好的批判性反思思维,能针对训练内容、训练过程和训练问题等方面进行批判性反思,并能在专业实践中持续改进,以此形成自己的训练智慧和执教理念。竞技体能教练通过对自我和执教内容与过程的不断反思,可以帮助他们了解自己的优势和劣势,弥补自己的不足,不断提高自己的专业化发展水平[190]。Stephenson和Jowett等人认为内在自我反思是影响教练专业发展和执教成功的关键因素[191],也是一般体能教练发展成为专家型体能教练所需的关键能力。

研究指出,竞技体能教练拥有专业知识和能力并不能保证让竞技体能教练的体能训练更有效和职业生涯更成功,要想使竞技体能教练体能训练更有效和职业生涯更成功,很大程度取决于竞技体能教练的自我反思的开放程度。自我批判和反思不仅对竞技体能教练由一般水平体能教练发展成为专家型体能教练具有积极的作用[192],也对提高竞技体能教练专业化发展水平具有重要的意义[193]。也有专家指出,优秀的竞技体能教练不仅能够主动去反思他们事业中的重要事情,而且还能够通过反思将经验转化为知识和技能,这样通过反思不断提高执教的科学性、有效性和艺术性[194-195]。同时,竞技体能教练不仅要对自己的训练进行反思,也要对其他体能教练的训练方法、手段等进行批判性思考,吸取别人的成功经验和失败教训为己所用。在访谈中有体能训练专家提道:

"要想成为一名优秀的竞技体能教练,要善于对训练过程进行总结与反思,不仅要知道运动员存在什么样的问题,也要总结与反思自己的训练方法和手段,还要吸取别人的经验与教训,从而不断提高自己的训练水平。"总之,要想成为一名优秀的竞技体能教练,要主动对运动员运动训练前、训练中、训练后和赛季后进行总结、反思和改进,从而不断提升自己训练能力和素养水平。

4.4 小结

综上,在相关理论的指导下,通过扎根理论构建的我国竞技体能教练核心素养概念模型,能够基本反映我国竞技体能教练核心素养的主要内容,不仅包含了竞技体能教练履行社会职责的关键知识、能力和品质,也包含了促进竞技体能教练个人发展和社会发展的调适意识与能力。由此可知,竞技体能教练要想将运动员运动表现达到最大化和最优化,不仅取决于竞技体能教练专业知识和能力,还取决去竞技体能教练的信念、沟通、合作、学习、反思等方面的能力。其中,竞技体能教练职业信念是竞技体能教练践行训练指导活动的精神力量,是竞技体能教练专业发展的动力源泉,属于竞技体能教练应具备的最基本的核心素养;竞技体能教练专业知识与能力,是竞技体能教练应具备的关键性的工具性素养;竞技体能教练沟通与交流能力,是竞技体能教练应具备的基础性的工具性素养;竞技体能教练自主发展能力是竞技体能教练所具有的个体性素养,必须通过个体自主努力才能实现的素养。从职业需求和个体发展的视角来看,竞技体能教练职业信念是竞技体能教练专业的精神力量和动力源泉;从职业本质视角来看,竞技体能教练专业知识与能力是竞技体能教练专业发展的职业力;从发展共同体的视角出发,竞技体能教练沟通与合作能力是竞技体能教练专业发展的社会力;从自主发展的视角出发,竞技体能教练自主发展能力是竞技体能教练专业发展的元能力和竞技体能教练追求卓越的再生力。

5 我国竞技体能教练核心素养模型的验证与确立

由上文的质性研究结果可知,我国竞技体能教练核心素养结构是由竞技体能教练职业信念、竞技体能教练专业知识与能力、竞技体能教练沟通与合作能力、竞技体能教练自主发展能力4个维度组成。通过质性研究构建模型的操作性、稳定性、合理性和普适性,需要进一步通过编制标准化的测量工具进行验证。本研究采用的是混合研究方法中的探索性时序设计,即先进行质性研究,后进行量化验证的模式。因此,为了验证质性研究结果的操作性、稳定性、合理性和普适性,本研究在质性研究结果的基础上,采用标准的心理测量范式来编制我国竞技体能教练核心素养量表,以对竞技体能教练核心素养模型进行验证与确立。这不仅可为了解我国竞技体能教练核心素养现状和建构竞技体能教练核心素养相关的实证模型提供有效的测量工具,也可为我国竞技体能教练更好地提升核心素养提供参考依据。

5.1 方法

5.1.1 量表的设计与编制

由于竞技体能教练核心概念模型中的潜变量是不能直接测量的,所以须为这些潜变量确定合适的测量指标[196]。同时,量表的信效度也受测量指标的影响[197]。因此,在设计与选取测量指标时须遵循以下原则[198]：①针对性原则。筛选的指标要能够真正反映我国竞技体能教练核心素养的要素和内涵；②系统性原则。我国竞技体能教练核心素养是一个多维的结构组成，测量指标应能全面、系统地反映出竞技体能教练核心素养的结构特点；③独立性原则。每个指标都要尽可能代表潜变量某方面的特质，而且相互之间的冗余度达到最低，从而使得各指标相互独立；④可操作性和可评价性原则。要求所选指标必须具有某种程度的可操作性和可评价性。

根据上述指标设计与选取原则，本研究量表的编制主要以质性研究结果归纳的 4 个维度（竞技体能教练职业信念、竞技体能教练专业知识与能力、竞技体能教练沟通与合作能力、竞技体能教练自主发展能力）为参考依据，以扎根理论中开放性编码形成的语句为题项的主要来源，形成题项与维度相对应题项，从而能真正反映竞技体能教练核心素养 4 个维度的内涵和要义。题项初步拟定后，请运动心理学专家和体能训练专家对这些项目的内容进行评价，修改或删除表述不清、有歧义或重复题项，最终编制包括 4 个维度和 46 个题项的《我国竞技体能教练核心素养量表》，其中竞技体能教练职业信念维度 9 个选题，竞技体能教练专业知识与能力维度 14 个选题，竞技体能教练沟通与合作能力维度 10 个选题，竞技体能教练自主发展能力维度 13 个选题，具体见附录 B。量表采用 Likert 5 点计分法，从 1～5 分别代表完全不同意到完全同意，得分越高，说明我国竞技体能教练核心素养水平越高。

5.1.2 量表的施测

5.1.2.1 预试量表的施测

预试量表的发放以问卷星形式，主要在微信和 QQ 平台进行发放。预试量表的发放方式包括三种：一是本人直接向熟悉的竞技体能教练进行发放；二是请熟悉的竞技体能教练把量表转发给他们认识的竞技体能教练进行填写；三是请有关省体育局的工作人员直接向该省专业队的体能教练发放量表。为提高调查对象的积极性，调查对象按照要求填写完成后，每个人可以获得 16.6 元的现金红包奖励。

为了提高量表填写的质量，避免调查对象刷题和乱填等，本研究借助问卷星软件对量表的填写进行了必要的监控,采取以下限制措施:一是同一微信账户只能填写1次;二是填写量表时间不能少于5分钟,低于5分钟不能提交量表;三是所有题项为同一答案或有明显规律的答案,视为无效量表,不能提交量表;四是,所有题项填写完,才能提交量表。

研究指出,在预试量表数中,量表数量一般不少于维度最多题项的3倍[199],本研究维度最多题项有13项,发放预试量表120份,符合预试量表发放标准。本研究共发放预试量表120份,有效量表115份,有效回收率为95.83%,其中男性体能教练86人,女性体能教练29人。调查对象基本情况见表5.1。

表5.1 调查对象基本情况统计表(n=115)

类别	构成	人数	百分比
性别	男	86	74.78
	女	29	25.22
学历	本科	12	10.43
	硕士	90	78.26
	博士	13	11.31
执教时间	≤5年	68	57.13
	6—10年	34	29.57
	≥11年	13	11.30
执教类型	国家队	60	52.17
	职业队	33	28.70
	省队	22	19.13

5.1.2.2 正式量表的施测

正式量表的发放以问卷星形式,主要在微信和QQ平台进行发放。正式量表发放的方式和正式量表的质量监控,同预试量表一样。吴明隆指出,在正式量表数中,量表数量与题项的比值最好不低于5∶1,且量表数量一般要在300以上。在正式量表中,关于竞技体能教练核心素养有关内容题项共有41题,共发放正式量表350份,符合上述标准。本研究共发放正式量表350份,有效量表312份,有效回收率为89.14%,其中男性体能教练248人,女性体能教练64人,调查对象基本情况见表5.2。

表5.2 调查对象基本情况统计表(n=312)

类别	构成	人数	百分比
性别	男	248	80.38
	女	64	19.62
学历	本科	34	10.90
	硕士	252	80.77
	博士	26	8.33
执教时间	≤5年	186	59.61
	6—10年	96	30.77
	≥11年	30	9.62
执教类型	国家队	157	50.32
	职业队	32	10.26
	省队	123	39.42

5.1.3 数据分析

运用SPSS22.0对预试量表进行正态检验、项目分析和探索性因素分析,运用Amos24.0对正式量表进行验证性因子分析,构建一阶CFA模型和二阶CFA模型。

5.2 结果与分析

5.2.1 竞技体能教练核心素养量表的预测结果

5.2.1.1 预试量表正态检验

在编制问卷时,一般需要先对预试问卷数据进行正态检验。Kline 认为可采用偏度－峰度检验法进行正态检验,并指出量表的各数据偏度绝对值要小于3,峰度绝对值要小于8,说明问卷的数据在合理范围内[200]。因此,本研究采用偏度－峰度检验法对预试量表进行正态检验,经检验预试量表的各数据偏度和峰度绝对值均在合理范围内,说明预试量表的数据符合进行下一步分析要求,具体如表5.3所示。

表5.3 预试量表偏度与峰度值统计(n=115)

题项	平均值	标准差	偏度值	峰度值
A1	4.391	0.525	0.078	-1.191
A2	4.391	0.573	-0.275	-0.760
A3	4.504	0.536	-0.365	-1.143
A4	4.400	0.698	-1.365	3.644
A5	4.426	0.563	-0.304	-0.851
A6	4.426	0.563	-0.304	-0.851
A7	4.461	0.551	-0.324	-0.978
A8	4.330	0.603	-0.295	-0.629
A9	4.452	0.596	-0.825	1.090
A10	4.339	0.699	-1.363	4.021
A11	4.383	0.615	-0.459	-0.632

续表

题项	平均值	标准差	偏度值	峰度值
A12	4.322	0.656	-0.639	0.274
A13	4.348	0.608	-0.348	-0.642
A14	4.365	0.680	-1.288	3.938
A15	4.165	0.748	-0.791	0.721
A16	4.313	0.612	-0.531	0.662
A17	4.400	0.632	-0.779	0.653
A18	4.835	0.373	-1.827	1.361
A19	4.391	0.671	-1.009	1.317
A20	4.296	0.635	-0.549	0.427
A21	4.348	0.622	-0.402	-0.645
A22	4.365	0.680	-0.776	0.199
A23	4.365	0.626	-0.675	0.612
A24	4.417	0.621	-0.575	-0.576
A25	4.417	0.607	-0.756	0.892
A26	4.496	0.583	-0.929	1.387
A27	4.470	0.582	-0.558	-0.629
A28	4.426	0.650	-1.478	5.335
A29	4.461	0.625	-0.945	0.955
A30	4.435	0.623	-0.855	0.845
A31	4.174	0.809	-0.937	0.705
A32	4.417	0.607	-0.756	0.892
A33	4.452	0.610	-1.580	7.164
A34	4.478	0.640	-1.041	0.964
A35	4.487	0.598	-0.701	-0.453
A36	4.443	0.665	-1.703	6.034
A37	4.330	0.758	-1.745	5.396
A38	4.435	0.703	-1.618	4.639

续表

题项	平均值	标准差	偏度值	峰度值
A39	4.357	0.763	-1.672	4.859
A40	4.391	0.734	-1.851	6.235
A41	4.426	0.689	-1.612	4.998
A42	4.443	0.533	-0.125	-1.237
A43	4.435	0.594	-0.509	-0.632
A44	4.148	0.691	-1.014	3.233
A45	4.383	0.683	-0.826	0.233
A46	4.348	0.689	-0.745	0.082

5.2.1.2 预试量表项目分析

量表的题目在最终正式题本定稿之前,需要先进行预试以检验测量题目是否适切。一般而言,预试量表编制好后,要对预试量表进行项目分析,以此作为编制正式量表的依据。量表的项目分析是量表编制非常关键的一项工作,主要是为了检验编制的量表或者个别选题的适切度和可靠度,项目分析的结果是研究者调整或者删除部分选题的依据[201]。项目分析有多种计量方法,主要包括遗漏值检验、项目描述统计检验、极端值比较法、题目总分相关法、内部一致性检验法和因素分析法[202]。本研究根据研究需要对预试量表进行项目分析采用极端值比较法和同质性检验法相结合的方法,即先进行极端值比较法进行检验,后进行同质性检验法进行检验。

(1)极端值比较法

极端值比较法,是把调查对象总得分按照高低分组,得分在前27%者为高分组,得分在后27%者为低分组,然后高低2个组别进行独立样本T检验,此时的t值称为CR值。如果题项的CR值达到显著水平($p<0.05$)则表示这个题项能鉴别不同测试对象的反应程度。因此,对本研究的预试量表数据进行极端组比较法检验,由表5.4可知,在预试量表有46个题项中,题项A18、A31和A45三个题项的CR值均未达到显著水平($p>0.05$),应予以删除;剩余的43个题项的值CR均达到显著性水平

($p<0.01$),说明各题项鉴别度较好,应予以保留。

表5.4 预试量表项目极端值检验统计表($n=115$)

	组别(平均值±标准差)		t(决断值)
	低分组($n=32$)	高分组($n=31$)	
A1	4.10±0.47	4.47±0.51	3.076**
A2	3.97±0.48	4.88±0.33	9.023**
A3	4.06±0.36	5.00±0.00	14.500**
A4	3.81±0.65	5.00±0.00	10.158**
A5	3.90±0.30	4.97±0.17	17.364**
A6	3.90±0.40	4.94±0.24	12.921**
A7	4.00±0.37	5.00±0.00	15.248**
A8	3.87±0.50	4.88±0.33	9.741**
A9	3.94±0.57	4.94±0.24	9.071**
A10	3.71±0.69	4.94±0.24	9.404**
A11	3.81±0.40	4.97±0.17	14.945**
A12	3.77±0.56	4.85±0.44	8.706**
A13	3.77±0.43	4.97±0.17	14.625**
A14	3.77±0.67	4.97±0.17	9.674**
A15	3.74±0.51	4.79±0.59	7.617**
A16	3.81±0.48	5.00±0.00	13.919**
A17	3.84±0.37	4.97±0.17	15.440**
A18	4.87±0.34	4.82±0.39	0.522
A19	3.77±0.62	4.97±0.17	10.435**
A20	3.77±0.56	4.88±0.33	9.618**
A21	3.87±0.56	4.82±0.46	7.512**
A22	3.87±0.56	4.94±0.24	9.821**
A23	3.90±0.60	4.94±0.24	9.036**
A24	3.87±0.50	4.97±0.17	11.648**
A25	3.94±0.51	4.97±0.17	10.717**

续表

组别(平均值±标准差)			t(决断值)
	低分组(n=32)	高分组(n=31)	
A26	3.97±0.48	4.94±0.24	10.458**
A27	3.94±0.51	4.94±0.24	9.987**
A28	3.90±0.70	4.97±0.17	8.264**
A29	3.87±0.62	4.97±0.17	9.566**
A30	4.00±0.58	4.97±0.17	9.005**
A31	4.19±0.79	4.18±0.80	0.087
A32	3.94±0.51	4.91±0.29	9.581**
A33	3.94±0.63	5.00±0.00	9.422**
A34	4.03±0.75	4.97±0.17	6.788**
A35	3.97±0.55	4.97±0.17	9.783**
A36	3.84±0.73	4.85±0.36	7.167**
A37	3.68±0.87	4.85±0.36	6.989**
A38	3.84±0.78	4.94±0.24	7.565**
A39	3.71±0.86	4.91±0.29	7.383**
A40	3.77±0.80	4.91±0.38	7.180**
A41	3.84±0.69	4.97±0.17	8.913**
A42	4.00±0.37	4.97±0.17	13.914**
A43	3.94±0.44	4.94±0.24	11.544**
A44	3.65±0.71	4.85±0.36	8.533**
A45	4.19±0.79	4.53±0.61	1.918
A46	3.84±0.52	4.88±0.41	9.005**

注：* 表示 p<0.05 ** 表示 p<0.01

(2)同质性检验

本研究运用极端值比较法对预试量表进行检验结果显示，量表有43个题项的CR值均达到显著水平(p<0.01)，因此本研究需要对该数据进行进一步同质性检验，以判断剩余的题项是否存在同质性。对预试

量表的同质性检验,一般采用题总相关分析法和内部一致性检验。题总相关分析法,一般以校正项目总分相关系数(CITC)作为判断标准,当题项 CITC 值小于 0.4,表示该题项与量表的同质性不高,应予以删除。校正项目总分相关系数是用来辨别某一题目与其他题目的相对关联性。内部一致性检验法,以题项删除时的 Cronbach's α 为判定标准,如果删除某题项后,量表的 Cronbach's α 比原来提高,说明某题项与量表的同质性不高,应予以删除;如果某个题项删除后,量表的 Cronbach's α 比原来降低,表示该题项是内部一致性优异的题项,删除该题项不但没有好处,还会造成内部一致性降低,因此不宜删除。由表 5.5 可知,删除题项 A1 的 CITC 为 0.195,小于 0.4,且删除 A1 题项后总量表的 Cronbach α 系数由 0.976 变为了 0.977。因此,题项 A1 应予以删除。

表 5.5　体能教练核心素养量表预试量表同质性检验结果(n=115)

名称	校正项总计相关性(CITC)	项已删除的 α 系数	Cronbach α 系数
A1	0.195	0.976	0.976
A2	0.607	0.975	
A3	0.626	0.975	
A4	0.580	0.976	
A5	0.730	0.975	
A6	0.701	0.975	
A7	0.630	0.975	
A8	0.608	0.975	
A9	0.674	0.975	
A10	0.812	0.975	
A11	0.719	0.975	
A12	0.743	0.975	
A13	0.792	0.975	
A14	0.811	0.975	
A15	0.546	0.976	
A16	0.786	0.975	
A17	0.760	0.975	

续表

名称	校正项总计相关性（CITC）	项已删除的 α 系数	Cronbach α 系数
A19	0.747	0.975	
A20	0.766	0.975	
A21	0.615	0.975	
A22	0.616	0.975	
A23	0.712	0.975	
A24	0.711	0.975	
A25	0.723	0.975	
A26	0.706	0.975	
A27	0.718	0.975	
A28	0.710	0.975	
A29	0.720	0.975	
A30	0.693	0.975	
A32	0.635	0.975	
A33	0.771	0.975	0.976
A34	0.639	0.975	
A35	0.729	0.975	
A36	0.682	0.975	
A37	0.680	0.975	
A38	0.694	0.975	
A39	0.733	0.975	
A40	0.731	0.975	
A41	0.697	0.975	
A42	0.713	0.975	
A43	0.723	0.975	
A44	0.795	0.975	
A46	0.583	0.975	

综上所述,通过对体能教练核心素养量表(预试)采用极端值比较法和同质性检验法进行项目分析后,有 3 个题项的 CR 值未达到显著性水平(p>0.05),1 个题项的 CITC 值在 0.4 以下且删除该题项后 Cronbach α 系数会提高,由此表示这 4 个题项与量表的同质性不高,应予以删除,具体删除题项见表 5.6。

表 5.6 竞技体能教练核心素养预试量表删除题项一览表

题项	删除题项
A1	禁止给运动员提供违禁药物和兴奋剂
A18	具有较好的专项运动能力
A31	善于倾听沟通中的反馈信息
A45	能够改进或制作体能训练专用和辅助器材

5.2.1.3 探索性因素分析

预试量表完成项目分析后,就需要对预试量表进行探索性因素分析。探索性因素分析法是对预试量表的建构效度进行检验,以测量出理论的特质或概念的程度,并删除量表中不适合的题项,用较少的题项反映原始量表中蕴含的大部分信息,以达到降维的目的[203]。

第一步,在进行探索性因子分析时,首先要进行 KMO 和 Bartlett 的检验,以确定题项间是否适合进行因子分析。根据 KMO 值得到判断标准,当 KMO>0.80 时,表明适合进行因子分析。

第二步,用主成分分析抽取因子,以确定因子的个数,达到降维的目的。一般来说,因子的确定需要满足三个标准:一是因子特征根要大于 1;二是各因子的题项不能少于 2 个,且各题项的载荷和公共因子方差不能小于 0.40;三是利用碎石图的陡坡度[204],碎石图的陡坡度用以协助决定因素的个数,当线形趋于平缓时,表示无特殊因素值抽取。

(1)第一次因素分析结果

通过对预试量表剩余的 42 个题项进行 KMO 和 Bartlett 球形度检验,由表 5.7 可知,KMO=0.905,x^2=4734.146,df=861,p=0.000,表明竞技体能教练核心素养量表适合进行探索性因子分析。

5 我国竞技体能教练核心素养模型的验证与确立

表 5.7 竞技体能教练核心素养量表 KMO 和 Bartlett 的检验

\multicolumn{2}{c	}{}	
\multicolumn{2}{c	}{KMO 值}	0.905
Bartlett 球形度检验	近似卡方(x^2)	4734.146
	df	861
	p 值	0.000

对竞技体能教练核心素养量表进行探索性因子分析,经主成分分析加最大方差进行正交旋转,共萃取出 5 个因子且初始特征值大于 1,累计解释量为 69.330%,具体结果见 5.8。在采用特征值大于 1 作为确定数量标准时,往往需要借助碎石图进行检验[205]。由碎石图 5.1 可知,从第 5 个因素后曲线开始变为平坦,因子保留 4 个或 5 个都较为合适,至于因子保留 4 个还是 5 个,还要根据抽取的共同因素的因子负荷、各因子题项数量是否符合因子要求,以及其抽取的共同因素是否具有合理性来进行综合考虑。

表 5.8 竞技体能教练核心素养量表主成分解释的总方差(第一次)

因子编号	特征根			旋转前方差解释率			旋转后方差解释率		
	特征根	方差解释率%	累积%	特征根	方差解释率%	累积%	特征根	方差解释率%	累积%
1	21.709	51.687	51.687	21.709	51.687	51.687	8.245	19.631	19.631
2	2.691	6.407	58.094	2.691	6.407	58.094	7.937	18.897	38.529
3	1.974	4.699	62.794	1.974	4.699	62.794	6.229	14.831	53.360
4	1.593	3.793	66.587	1.593	3.793	66.587	5.343	12.721	66.080
5	1.152	2.743	69.330	1.152	2.743	69.330	1.365	3.249	69.330
6	0.986	2.348	71.678	—	—	—			
7	0.924	2.200	73.878	—	—	—			
8	0.864	2.058	75.936	—	—	—			
9	0.782	1.862	77.798	—	—	—			
10	0.744	1.772	79.570	—	—	—			
11	0.704	1.677	81.247	—	—	—			

续表

因子编号	特征根			旋转前方差解释率			旋转后方差解释率		
	特征根	方差解释率%	累积%	特征根	方差解释率%	累积%	特征根	方差解释率%	累积%
12	0.643	1.532	82.778	—	—	—	—	—	—
13	0.637	1.517	84.295	—	—	—	—	—	—
14	0.565	1.346	85.641	—	—	—	—	—	—
15	0.531	1.264	86.905	—	—	—	—	—	—
16	0.486	1.156	88.061	—	—	—	—	—	—
17	0.462	1.101	89.162	—	—	—	—	—	—
18	0.433	1.030	90.192	—	—	—	—	—	—
19	0.383	0.913	91.105	—	—	—	—	—	—
20	0.349	0.831	91.936	—	—	—	—	—	—
21	0.334	0.796	92.732	—	—	—	—	—	—
22	0.294	0.700	93.432	—	—	—	—	—	—
23	0.284	0.676	94.108	—	—	—	—	—	—
24	0.259	0.616	94.724	—	—	—	—	—	—
25	0.240	0.573	95.297	—	—	—	—	—	—
26	0.226	0.537	95.834	—	—	—	—	—	—
27	0.214	0.509	96.343	—	—	—	—	—	—
28	0.206	0.492	96.834	—	—	—	—	—	—
29	0.172	0.410	97.244	—	—	—	—	—	—
30	0.151	0.359	97.603	—	—	—	—	—	—
31	0.147	0.351	97.954	—	—	—	—	—	—
32	0.133	0.316	98.269	—	—	—	—	—	—
33	0.118	0.280	98.550	—	—	—	—	—	—
34	0.106	0.252	98.802	—	—	—	—	—	—
35	0.093	0.222	99.024	—	—	—	—	—	—
36	0.084	0.200	99.224	—	—	—	—	—	—

续表

因子编号	特征根			旋转前方差解释率			旋转后方差解释率		
	特征根	方差解释率%	累积%	特征根	方差解释率%	累积%	特征根	方差解释率%	累积%
37	0.077	0.184	99.408	—	—	—	—	—	—
38	0.064	0.153	99.561	—	—	—	—	—	—
39	0.063	0.149	99.710	—	—	—	—	—	—
40	0.050	0.119	99.829	—	—	—	—	—	—
41	0.040	0.094	99.924	—	—	—	—	—	—
42	0.032	0.076	100.000	—	—	—	—	—	—

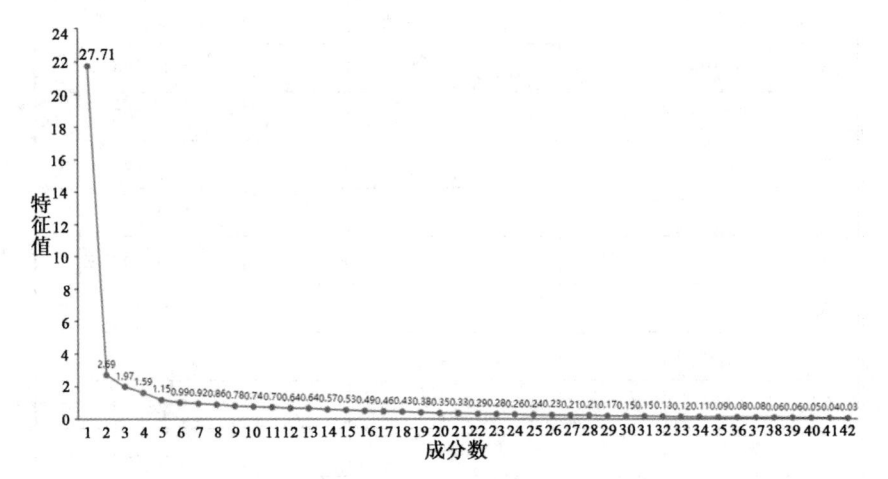

图 5.1 竞技体能教练核心素养量表碎石图（第一次）

通过转轴后的成分矩阵（表 5.9）可以看出，根据题项内容：成分 1 可以命名为"竞技体能教练自主发展能力"，成分 2 可以命名为"竞技体能教练专业知识与能力"，成分 3 可以命名为"竞技体能教练沟通与合作能力"，成分 4 可以命名为"竞技体能教练职业信念"，而成分 5 只有一个题项且难以解释，不符合因子划分和命名的原则。根据因子题项删除的原则，需要删除题项 A46，对剩余题项再进行因素分析。

表 5.9 竞技体能教练核心素养量表成分矩阵表(第一次)

名称	因子1	因子2	因子3	因子4	因子5	共同度（公因子方差）
A34	0.459					0.463
A35	0.613					0.656
A36	0.808					0.761
A37	0.757					0.696
A38	0.798					0.745
A39	0.716					0.698
A40	0.762					0.739
A41	0.723					0.707
A42	0.490					0.624
A43	0.557					0.605
A44	0.636					0.765
A10		0.579				0.766
A11		0.689				0.702
A12		0.669				0.678
A13		0.622				0.747
A14		0.636				0.815
A15		0.666				0.676
A16		0.548				0.661
A17		0.630				0.688
A19		0.666				0.705
A20		0.649				0.747
A21		0.775				0.687
A22		0.729				0.629
A23		0.714				0.765
A24			0.488			0.587
A25			0.689			0.704

续表

名称	因子载荷系数					共同度（公因子方差）
	因子1	因子2	因子3	因子4	因子5	
A26			0.703			0.709
A27			0.734			0.794
A28			0.802			0.822
A29			0.635			0.670
A30			0.692			0.735
A32			0.432			0.498
A33			0.531			0.767
A2				0.480		0.461
A3				0.644		0.750
A4				0.587		0.644
A5				0.628		0.720
A6				0.630		0.651
A7				0.781		0.783
A8				0.663		0.626
A9				0.688		0.705
A46					0.690	0.769

(2)第二次因素分析结果

采用主成分分析加最大方差法对删除题项 A46 后的 41 个题项进行整体性探索性因素分析,共萃取出 4 个因子且初始特征值大于 1,累计解释量为 67.346%,超过了最低 50% 的要求,完全能够满足研究需要,后面成分的特征值贡献很小,可以忽略,具体结果见表 5.10。同时,结合碎石图(具体见图 5.2)和成分矩阵表(具体见表 5.11)可知,共萃取 4 个因子是合理的,而且 4 个因子都能够合理命名。根据因子命名原则,结合最大方差法正交旋转矩阵、各因子的题项内容和质性研究结果:因子 1 可以命名为"竞技体能教练自主发展能力",因子 2 可以命名为

"竞技体能教练专业知识与能力",因子3可以命名为"竞技体能教练沟通与合作能力",因子4可以命名为"竞技体能教练职业信念"。

表5.10 竞技体能教练核心素养量表主成分解释的总方差(第二次)

因子编号	特征根	方差解释率%	累积%	特征根	方差解释率%	累积%	特征根	方差解释率%	累积%
	特征根			旋转前方差解释率			旋转后方差解释率		
1	21.360	52.098	52.098	21.360	52.098	52.098	8.141	19.857	19.857
2	2.689	6.560	58.657	2.689	6.560	58.657	7.894	19.255	39.112
3	1.970	4.804	63.461	1.970	4.804	63.461	6.357	15.506	54.617
4	1.593	3.884	67.346	1.593	3.884	67.346	5.219	12.729	67.346
5	0.993	2.422	69.768	—	—	—	—	—	—
6	0.953	2.324	72.092	—	—	—	—	—	—
7	0.888	2.166	74.258	—	—	—	—	—	—
8	0.862	2.102	76.360	—	—	—	—	—	—
9	0.746	1.820	78.180	—	—	—	—	—	—
10	0.744	1.815	79.995	—	—	—	—	—	—
11	0.689	1.681	81.677	—	—	—	—	—	—
12	0.640	1.561	83.238	—	—	—	—	—	—
13	0.567	1.384	84.622	—	—	—	—	—	—
14	0.538	1.312	85.934	—	—	—	—	—	—
15	0.502	1.223	87.157	—	—	—	—	—	—
16	0.483	1.177	88.335	—	—	—	—	—	—
17	0.462	1.127	89.462	—	—	—	—	—	—
18	0.405	0.987	90.449	—	—	—	—	—	—
19	0.351	0.855	91.304	—	—	—	—	—	—
20	0.345	0.841	92.145	—	—	—	—	—	—
21	0.323	0.787	92.932	—	—	—	—	—	—

续表

因子编号	特征根			旋转前方差解释率			旋转后方差解释率		
	特征根	方差解释率%	累积%	特征根	方差解释率%	累积%	特征根	方差解释率%	累积%
22	0.289	0.704	93.636	—	—	—	—	—	—
23	0.267	0.651	94.287	—	—	—	—	—	—
24	0.246	0.600	94.888	—	—	—	—	—	—
25	0.236	0.575	95.463	—	—	—	—	—	—
26	0.225	0.550	96.013	—	—	—	—	—	—
27	0.211	0.514	96.527	—	—	—	—	—	—
28	0.187	0.456	96.983	—	—	—	—	—	—
29	0.165	0.402	97.385	—	—	—	—	—	—
30	0.149	0.364	97.749	—	—	—	—	—	—
31	0.145	0.354	98.102	—	—	—	—	—	—
32	0.132	0.323	98.426	—	—	—	—	—	—
33	0.116	0.284	98.710	—	—	—	—	—	—
34	0.105	0.257	98.966	—	—	—	—	—	—
35	0.088	0.215	99.181	—	—	—	—	—	—
36	0.078	0.189	99.370	—	—	—	—	—	—
37	0.070	0.171	99.541	—	—	—	—	—	—
38	0.063	0.154	99.696	—	—	—	—	—	—
39	0.050	0.123	99.818	—	—	—	—	—	—
40	0.040	0.098	99.916	—	—	—	—	—	—
41	0.034	0.084	100.000	—	—	—	—	—	—

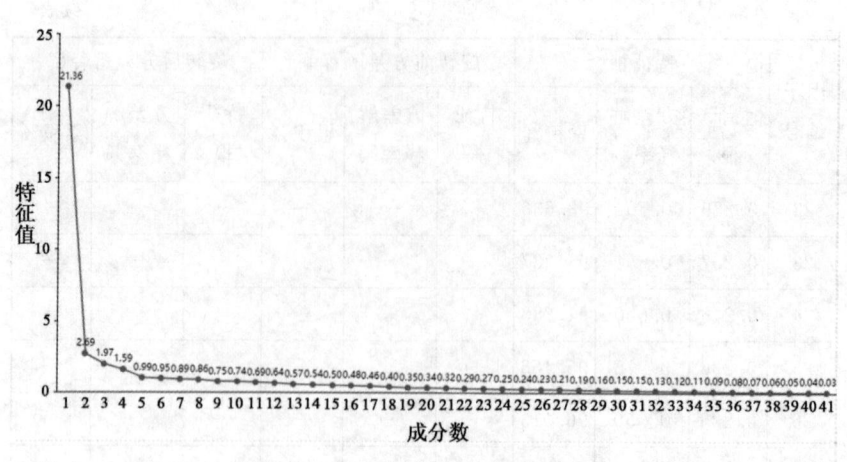

图 5.2 竞技体能教练核心素养量表碎石图(第二次)

表 5.11 竞技体能教练核心素养量表成分矩阵表(第二次)

题项与题目主要内容	因子1	因子2	因子3	因子4	共同度
A34 具有体能训练科研思维与意识	0.458				0.448
A35 能用科研思维发现和解决体能训练中的问题	0.614				0.617
A36 能进行体能训练相关的科学研究与实践检验	0.806				0.751
A37 能根据专项特征主动探索体能训练中的新方法	0.758				0.683
A38 具有专项体能训练动作设计能力	0.799				0.744
A39 具有良好的自主学习能力	0.716				0.695
A40 能够不断和持续地学习体能训练相关的知识	0.761				0.733
A41 能始终保持一个成长和开放的学习心态	0.721				0.708
A42 具有良好的批判性反思思维	0.489				0.613
A43 能对体能训练内容和过程进行反思和总结	0.556				0.600

续表

题项与题目主要内容	因子1	因子2	因子3	因子4	共同度
A44 能从自我反思中改进和提高	0.637				0.758
A10 熟练掌握体能训练运动科学知识（如运动生理学、功能解剖学、运动心理学等）		0.577			0.761
A11 熟练掌握体能训练实践性知识（如测试评估、力量、速度等实践性知识）		0.697			0.689
A12 具有运动员体能训练需求分析能力		0.669			0.678
A13 具有运动项目体能训练需求分析能力		0.629			0.743
A14 具有良好的体能训练计划设计与实施的能力		0.630			0.764
A15 能熟练运用体能训练方法、手段和仪器设备		0.681			0.595
A16 熟练掌握力量、速度、耐力、身体功能训练等运动技能		0.549			0.658
A17 具有良好的体能训练动作操作能力		0.630			0.682
A19 具有良好的体能训练测试、监控与评估能力		0.666			0.700
A20 具有良好的体能训练数据分析能力		0.645			0.725
A21 具有良好的体能训练伤害防护能力		0.780			0.673
A22 具有良好的体能训练安全保护技能（如心肺复苏、运动急救等）		0.730			0.629
A23 能对运动员易伤部位进行预防性训练		0.705			0.702
A24 能与运动员和教练团队成员建立信任			0.495		0.585
A25 能清晰了解团队目标，并合作奋斗			0.695		0.702

续表

题项与题目主要内容	因子1	因子2	因子3	因子4	共同度
A26 能与运动员和主教练相互协作			0.707		0.692
A27 能主动与主教练、专项教练等进行合作			0.739		0.745
A28 能主动倾听团队成员和运动员表达观点			0.811		0.820
A29 能与运动员进行有效沟通			0.639		0.649
A30 能与教练团队（如主教练、科研教练、运动康复师等）进行有效沟通			0.701		0.731
A32 具有良好的语言沟通能力（包括口头与非口头语言）			0.439		0.460
A33 具有良好的对外交流合作能力			0.541		0.665
A2 热爱体能教练岗位				0.481	0.457
A3 能够遵守体能教练行为规范				0.601	0.667
A4 能够主动关心和爱护运动员				0.604	0.629
A5 能够全身心投入体能训练工作中				0.634	0.719
A6 能意识到自己从事体能训练工作的价值				0.622	0.649
A7 能意识到自己通过努力就能实现自身价值				0.765	0.763
A8 在运动队从事体能训练工作中，能做到吃苦耐劳，具有奉献精神				0.671	0.627
A9 在运动队从事体能训练工作中，具有知行合一和追求卓越的工匠精神				0.682	0.701

综上，通过对竞技体能教练核心素养预试量表数据进行项目分析和探索性因素分析，运用统计学程序对题项进行筛选，量表总共删除5个题项，最终保留41个题项，具体题项分布情况见表5.12。同时，竞技体能教练核心素养量表经过两次探索性因素分析后，明确将量表分成了4

个维度(竞技体能教练职业信念、竞技体能教练专业知识与能力、竞技体能教练沟通与合作能力、竞技体能教练自主发展能力),这与质性研究结果提出的理论假设一致。

表5.12 竞技体能教练核心素养项目分析和
探索性因素分析后题项分布情况

因素	题项	小计
竞技体能教练职业信念	A2、A3、A4、A5、A6、A7、A8、A9	8
竞技体能教练专业知识与能力	A10、A11、A12、A13、A14、A15、A16、A17、A19、A20、A21、A22、A23	13
竞技体能教练沟通与合作能力	A24、A25、A26、A27、A28、A29、A30、A32、A33	9
竞技体能教练自主发展能力	A34、A35、A36、A37、A38、A39、A40、A41、A42、A43、A44	11
总计		41

5.2.1.4 预试量表的信效度分析

预试量表经过项目分析和探索性因素分析后,需要对预试量表剩余41个题项进行信效度分析。

(1)信度分析

信度分析是用来评估量表的可靠程度。一般来说,一份心理测量表经过探索性因素分析后,往往需要对量表的不同维度(分量表)来进行信度分析。因此,本研究需对竞技体能教练核心素养4个维度进行信度检验。信度分析具有多种分析方法[206],本研究根据需要采用同质性信度分析法(内部一致性信度)中的克伦巴赫信度系数(Cronbach's alpha)大小作为判断标准对量表进行检验,当 $0.80 \leqslant$ Cronbacha's $\alpha < 0.9$,表示量表的信度较高;当Cronbacha's $\alpha \geqslant 0.9$,表示量表的信度高[207]。由表5.13可以看出,该预试量表4个维度的Cronbacha's α 系数均大于0.90,说明预试量表各维度的信度理想,即各维度的各题项之间有良好的内部一致性。

表 5.13　预试量表各维度信度统计表

序号	检验维度名称	项目数(个)	Cronbacha's α 系数
1	竞技体能教练职业信念	8	0.906
2	竞技体能教练专业知识与能力	13	0.954
3	竞技体能教练沟通与合作能力	9	0.935
4	竞技体能教练自主发展能力	11	0.937

(2)效度分析

效度是指测量工具能够正确测量事物的特质程度。一般来说,预试量表先进行内容效度分析,再进行建构效度分析,使测量的质量得以保证。

内容效度指测验量表内容或题目本身内容范围与广度的适切性与代表性。一般来说,对量表的内容效度评价,都采用专家评定的方法。Davis 和 Polit 等人认为评定专家的人数最好控制在 5 到 10 人[208-209]。

由于本预试量表的基本内容来自质性的研究结果,因此作者将预试量表内容反馈给从事体能训练 15 年以上的 5 名深度访谈体能训练专家,5 名专家均认为量表的内容效度较好,具体见表 5.14。

表 5.14　专家意见评价表(n＝5)

评价程度	无效	不太有效	一般	有效	很有效
人数	0	0	0	2	3
百分比	0	0	0	40%	60%

建构效度指能够测量出理论的特质或概念的程度,一般采用探索性因子分析法进行量表的建构效度检验。根据上文探索性因素分析结果显示,预试量表通过效度检验,说明竞技体能教练核心素养量表具有较好的建构效度。

综上所述,本研究严格按照量表编制的流程,首先对预试量表进行项目分析和探索性因素分析,有 5 个题项因不符合预试量表的编制要求被删除;然后对预试量表进行信效度分析,经分析量表的整体信度为 0.976,说明量表的信效度高。由此可知,本研究编制的量表具有较好的

5 我国竞技体能教练核心素养模型的验证与确立

可靠性和稳定性,即最终制定包含4个维度和41个题项的《我国竞技体能教练核心素养量表》正式量表,其中竞技体能教练职业信念维度8个题项,竞技体能教练专业知识与能力维度13个题项,竞技体能教练沟通与合作能力维度9个题项,竞技体能教练自主发展能力维度11个题项,具体内容见附录C。

5.2.2 竞技体能教练核心素养量表的正式施测结果

预试量表主要用于探索性分析,正式量表主要用于验证性因素分析。本部分研究采用结构方程模型(SEM),对探索性因素分析后的"我国竞技体能教练核心素养量表"的因素结构模型进行验证性因素分析。

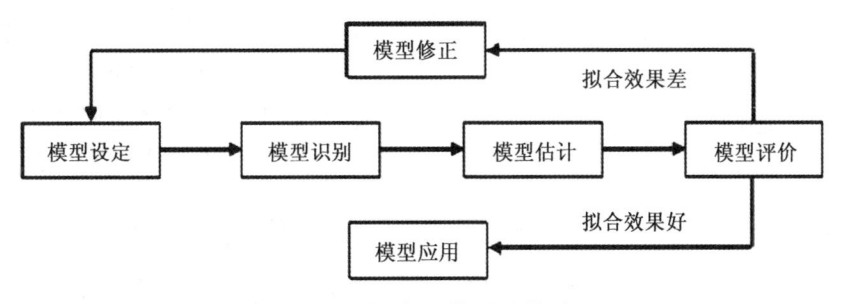

5.2.2.1 结构方程模型建模过程

结构方程模型建模分为"模型设定——模型识别——模型拟合评价——排除等价或非等价模型——结果解释和报告(模型应用)"五个部分,详见图5.3[210]。在结构方程模型建模过程中,如果模型不能被识别,则应重新设定;如果模型可以识别,则进行下一步;如果假设模型与观察数据适配良好,说明拟合效果好;如果假设模型与观察数据不匹配,说明拟合效果差,则需对模型进行修正,直到可以获得一个较佳的解值。

图5.3 结构方程模型建模过程

5.2.2.2 模型拟合的评价指标标准

对模型拟合的适配度评价有许多指标,一般来说判定假设模型与实际数据是否契合,需考虑四个方面的指标:基本适配度指标、整体模型适配度指标、模型内在结构适配度指标和区分效度指标。另外,本研究在模型拟合不理想的情况下,根据因果路径是否显著,结合 AMOS 提供的修正指数(MI),对初始模型进行修正和调整,最终得到合理的结构方程模型。

(1)基本适配度指标

模型基本适配检验主要是检验模型参数是否有违规估计现象,是整体模型适配度检验的前提。模型基本适配度检验不能违反以下几个准则:①估计参数中不能有负的误差方差,表示模型没有出现违规估计现象;②潜在变量与其测量指标间的因素负荷量值为 0.50~0.95,表示模型基本适配度良好;③不能有很大的标准误。

(2)模型整体适配度指标(结构效度指标)

根据模型数据点的数量与参数数量之间的相互关系,模型识别的形态有 3 种:正好识别、过度识别、低度识别或(识别不足)。根据 SEM 模型的要求,研究者提供的模型应是过度识别模型,这样才能进行模型适配度的检验。在现实的模型检验中,理想化的适配指标是不存在的。因此,本研究根据需要最终选取 GFI、RMSEA、SRMR、CFI、NFI 和 NNFI 等观测指标来判定模型的适配度。模型识别程度指标和标准[211],见表 5.15。

表 5.15 模型适配度指标和适配标准

名称	范围	适配标准	意义
卡方检验值(X^2 值)	—	p>0.05	未达到显著水平,接受虚无假设。由于 p 值容易受样本大小的影响,容易得到 p<0.05,通常情况下不考虑 p 值
自由度(df)	—	df>0	则估计结果是允许拒绝虚无假设,此种模型识别即是过度识别
卡方/自由度比(X^2/df)	—	1<NC<5	其值接近 1,表示模型适配度越高
拟合优度指数(GFI)	0~1	GFI>0.9	其值接近 1,表示模型适配度越佳

续表

名称	范围	适配标准	意义
标准化均方根残差(SRMR)	0~1	SRMR<0.08	SRMR 越接近 0,表示模型适配度越佳
近似方根误差(RMSEA)	0~1	RMSEA<0.08 或 0.1	RMSEA<0.05,表示模型适配非常好;RMSEA 为 0.05~0.08,表示模型适配良好;RMSEA 为 0.08~0.10,表示模型适配尚可;RMSEA>0.1,表示模型适配欠佳
比较假设模型与独立模型的卡方差异(NFI)	0~1	NFI>0.90	其值接近 1,表示模型适配度越佳
比较所提出的模型对虚无模型之间的适配程度(NNFI)	0~1	NNFI>0.9	其值接近 1,表示模型适配度越佳
假设模型与独立模型的非中央差异性(CFI)	0~1	CFI>0.9	其值接近 1,表示模型适配度越佳

(3)模型内在结构适配度指标(收敛效度指标)

模型内在结构适配度指标,其目的在于了解模型潜在建构的信度和效度。模型内在结构适配度指标和适配标准见表 5.16。

表 5.16 模型内在结构适配度指标和适配标准

指标名称	范围	适配标准	意义
因素负荷量(FL)	0~1	0.50<FL<0.95	FL 最好介于 0.50~0.95,其值越大,表示指标变量越能有效反映其要测得的潜在变量特质
组成信度(CR)	0~1	0.7<CR<0.95	CR 值越高,表示测量指标间越具有高度的内在关联存在
平均变异系数萃取量(AVE)	0~1	AVE>0.5	AVE 值越大,表示测量指标越能有效反映共同因素潜在变量的内在潜质

(4)区分效度指标

验证性因素分析估计结果所得到的潜在变量(构念)必须具有区别效度。当 AVE 的平方根值大于两个潜在变量的相关系数(Pearson 相关),即表示两个潜在变量区分效度好。

5.2.2.3 一阶 CFA 模型检验

(1)模型的构建

对竞技体能教练核心素养进行验证性因素分析,首先需要建立测量模型。学者 Bentler 与 Chou 指出在小规模数据组时,至多 20 个变量即可,其中潜变量的数量最好是 4~6 个,每个潜变量的观察指标数量最好是 3~4 个。如果是多个潜变量并且潜变量之间有互相关联,则每个潜变量的观察指标可以是 2 个[212]。这样不仅可使模型简洁化,也可以减少检验误差,提高统计的可靠性[213-215]。本研究依据 Bentler、Chou、喻平和张夏雨等国内外学者的做法,对于测量潜变量(因素)的题项,根据题项的内容合并成一个新的观测指标,新观测指标通过题项得分相加后平均计算,并被重新命名。根据探索性分析结果和质性研究结果,竞技体能教练核心素养由 4 个因素构成:竞技体能教练职业信念、竞技体能教练专业知识和能力、竞技体能教练沟通与合作能力、竞技体能教练自主发展能力,分别命名为 F1、F2、F3 和 F4。根据各因素题项的内容和质性研究结果可知,竞技体能教练职业信念由 3 个观测变量组成,分别命名为竞技体能教练职业道德(V1)、竞技体能教练职业认同(V2)、竞技体能教练职业精神(V3);竞技体能教练专业知识和能力由 5 个观测指标组成,分别命名为体能训练专业知识(V4),体能训练计划设计与实施能力(V5),体能训练测试、监控与评估能力(V6)、体能训练实操能力(V7)和体能训练运动损伤预防能力(V8);竞技体能教练沟通与合作能力由 2 个观测变量组成,分别命名为竞技体能教练沟通交流能力(V9)和竞技体能教练团队合作能力(V10);竞技体能教练自主发展能力由 4 个观测变量组成,分别命名为体能训练科研能力(V11)、体能训练创新能力(V12)、竞技体能教练持续学习能力(V13)和竞技体能教练批判性反思能力(V14),各因素和各观测指标子因素具体题项分布见表 5.17。由此,构建竞技体能教练核心素养一阶四因子测量模型,如图 5.4 所示。

表 5.17 竞技体能教练核心素养因素与观测指标的题项数分布

因素	观测变量	题项数
竞技体能教练职业信念(F1)	竞技体能教练职业道德(V1)	3
	竞技体能教练职业认同(V2)	3
	竞技体能教练职业精神(V3)	2
竞技体能教练专业知识与能力(F2)	体能训练专业知识(V4)	2
	体能训练计划设计与实施能力(V5)	3
	体能训练测试、监控与评估能力(V6)	2
	体能训练实操能力(V7)	4
	体能训练运动损伤预防能力(V8)	2
竞技体能教练沟通与合作能力(F3)	竞技体能教练沟通交流能力(V9)	6
	竞技体能教练团队合作能力(V10)	3
竞技体能教练自主发展能力(F4)	体能训练科研能力(V11)	3
	体能训练创新能力(V12)	2
	竞技体能教练持续学习能力(V13)	3
	竞技体能教练批判性反思能力(V14)	3
总计		41

(2)模型基本适配度分析

一阶四因子斜交模型验证结果表明,经过执行 CFA 分析后,该模型 14 个观测变量的标准化因素负荷在 0.787~0.885,全部大于 0.7,且不超过 0.95,检验有统计学意义($p<0.05$);14 个观测变量的标准误差值位于 0.217~0.380 的区间,没有出现负的误差方差,检验有统计学意义($p<0.05$),说明模型没有违规估计现象,表示估计结果的基本适配度指标良好,可以进行整体模型适配度检验,具体结果见表 5.18。一阶 CFA 模型分析图,如图 5.5 所示。

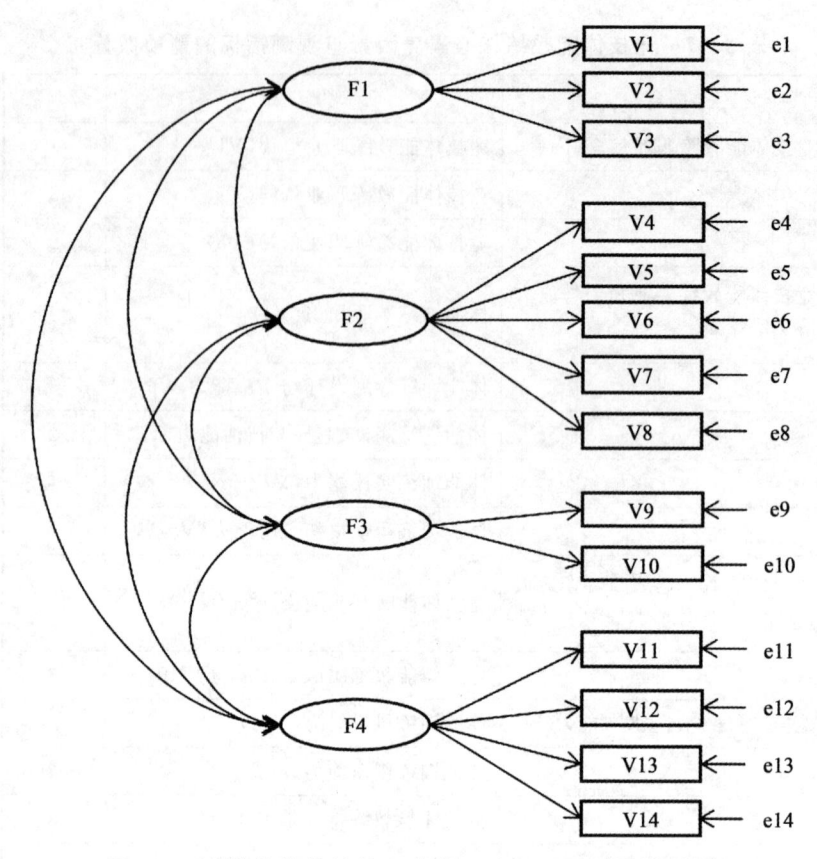

图 5.4 竞技体能教练核心素养一阶四因子测量模型图

表 5.18 我国竞技体能教练核心素养一阶 CFA 模型参数估计值表

路径		非标准载荷系数	标准误	C.R. 值	p	标准载荷系数
F1--->	V1	1.000	—	—	—	0.856
F1--->	V2	1.131	0.058	19.487	0.000	0.884
F1--->	V3	1.123	0.064	17.602	0.000	0.823
F2--->	V4	1.000	—	—	—	0.830
F2--->	V5	0.963	0.050	19.396	0.000	0.879
F2--->	V6	0.978	0.060	16.414	0.000	0.789
F2--->	V7	0.863	0.045	19.073	0.000	0.870
F2--->	V8	0.868	0.053	16.355	0.000	0.787

续表

路径		非标准载荷系数	标准误	C.R.值	p	标准载荷系数
F3--->	V9	1.000	—	—	—	0.885
F3--->	V10	1.162	0.061	19.102	0.000	0.879
F4--->	V11	1.000	—	—	—	0.859
F4--->	V12	0.932	0.050	18.574	0.000	0.835
F4--->	V13	0.894	0.045	19.774	0.000	0.867
F4--->	V14	0.985	0.054	18.312	0.000	0.828

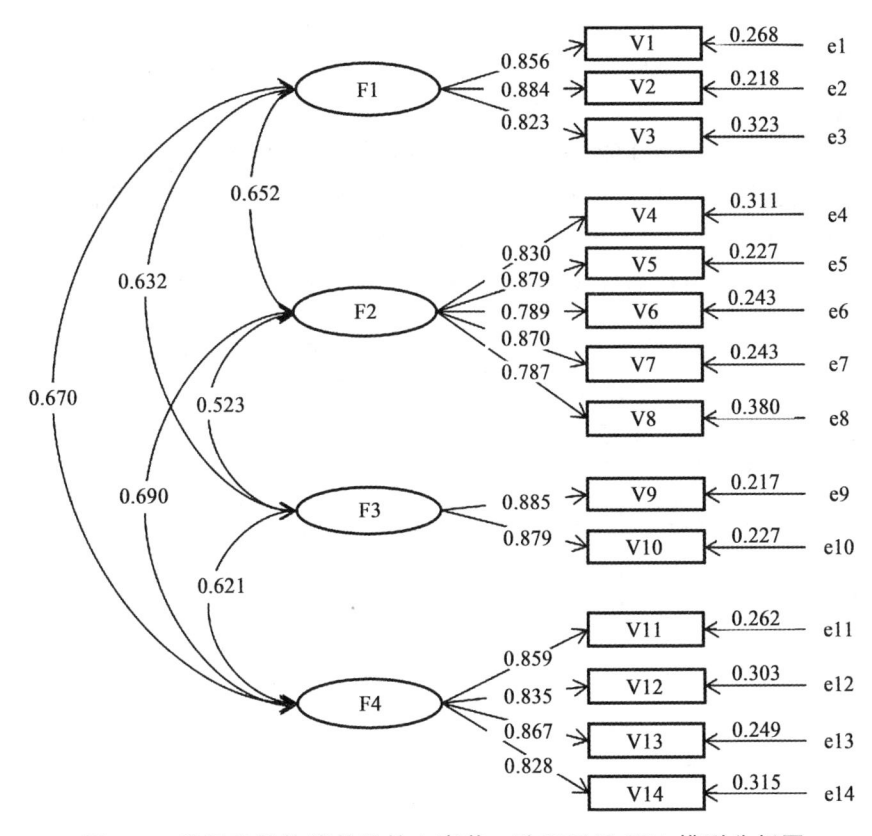

图 5.5 我国竞技体能教练核心素养一阶四因子 CFA 模型分析图

(3)模型整体适配度分析

一阶四因子斜交模型验证结果表明,该模型自由度为 71,因此该模型识别属于过度识别,符合理论上模型正定的要求;在其他模型整体适配度指标方面 $\chi2/df=2.863$、$GFI=0.916$、$RMSEA=0.077$、$SRMR=0.040$、$RMR=0.013$、$CFI=0.963$、$NFI=0.944$、$NNFI=0.952$,均达到模型拟合成功的标准,表示模型的整体适配度较好,即模型的外在质量佳,测量模型的收敛效度佳。

(4)模型内在结构适配度指标

一阶四因子斜交模型验证结果表明(具体见表5.19),竞技体能教练核心素养量表各变量的选题因子载荷系数均都大于0.7,说明竞技体能教练核心素养各变量的选题都具有较高的代表性;在模型内在结构适配度指标方面,竞技体能教练职业信念的AVE值(变异数萃取量)为0.730,竞技体能教练专业知识与能力的AVE值为0.692,竞技体能教练沟通与合作能力的AVE值为0.778,竞技体能教练自主发展能力的AVE值为0.718,均大于0.50的标准;竞技体能教练职业信念的CR值(组成信度)为0.890,竞技体能教练专业知识与能力的CR值为0.918,竞技体能教练沟通与合作能力的CR值为0.875,竞技体能教练自主发展能力的CR值为0.911,均大于0.70的标准,说明竞技体能教练核心素养量表的收敛效度较好,即竞技体能教练核心素养量表的信度较好。

表5.19 我国体能教练核心素养一阶模型收敛效度表

路径		标准载荷系数	AVE值	CR值
F1--->	V1	0.856	0.730	0.890
F1--->	V2	0.884		
F1--->	V3	0.823		
F2--->	V4	0.830	0.692	0.918
F2--->	V5	0.879		
F2--->	V6	0.789		
F2--->	V7	0.870		
F2--->	V8	0.787		
F3--->	V9	0.885	0.778	0.875
F3--->	V10	0.879		
F4--->	V11	0.859		

5 我国竞技体能教练核心素养模型的验证与确立

续表

路径		标准载荷系数	AVE 值	CR 值
F4--->	V12	0.835	0.718	0.911
F4--->	V13	0.867		
F4--->	V14	0.828		

(5)区分效度分析

由表 5.20 可知,竞技体能教练职业信念、竞技体能教练专业知识与能力、竞技体能教练沟通与合作能力和竞技体能教练自主发展能力之间具有显著性相关(p<0.01),且相关系数均小于 AVE 的平方根,一阶四因子斜交 CFA 模型构念之间具有一定的相关性,但各变量之间又具有一定的区分度,表明一阶四因子斜交 CFA 模型的区分度较好。

表 5.20 我国竞技体能教练核心素养一阶四因子
斜交 CFA 模型区分效度分析结果

	竞技体能教练职业信念	竞技体能教练专业知识与实能力	竞技体能教练沟通与合作能力	竞技体能教练自主发展能力
竞技体能教练职业信念	0.855			
竞技体能教练专业知识与能力	0.652**	0.832		
竞技体能教练沟通与合作能力	0.632**	0.523**	0.812	
竞技体能教练自主发展能力	0.670**	0.690**	0.621**	0.847

备注:斜对角线数字为 AVE 平方根值,** 表示 p<0.01

综上所述,经过一阶四因子斜交 CFA 分析可知,模型基本适配度指标、整体适配度指标、内在结构适配度指标、区分效度指标,均达到模型可接受标准,模型内在质量理想,说明本次一阶四因子斜交模型拟合成功。

5.2.2.4 二阶 CFA 模型检验

二阶验证性因素分析模型是一阶验证性因素分析模型的特例。研究者之所以会提出二阶验证性因素分析模型,是在一阶验证性因素分析模型中发现原先的一阶因素构念间有中高度的关联程度,即某一高阶结构可以解释所有的一阶因素构念[216]。

  由一阶四因子模型的潜在变量之间的协方差估计值可以看出,协方差检验结果显著不等于 0,表示潜在变量间有显著的共变关系,并且四个潜在变量之间的相关系数为 0.523～0.690(具体见图 5.5),表明这四个一阶潜变量呈中高度关联($r>0.5$),而且一阶因素测量模型拟合佳,说明这四个因素间可能有另一个更高阶的共同因素存在,即四个一阶因素构念能够被竞技体能教练核心素养这个高阶构念所解释。因此,构建二阶 CFA 模型,如图 5.6 所示。由于一阶因素构念 F1、F2、F3 和 F4 变为内因潜在变量,因而均要增列估计残差项。在初始二阶 CFA 模型中,假设测量变量间没有误差改变存在,也没有跨负荷量存在,每个测量变量均受到一个初阶因素构念影响,具体如图 5.6 所示。

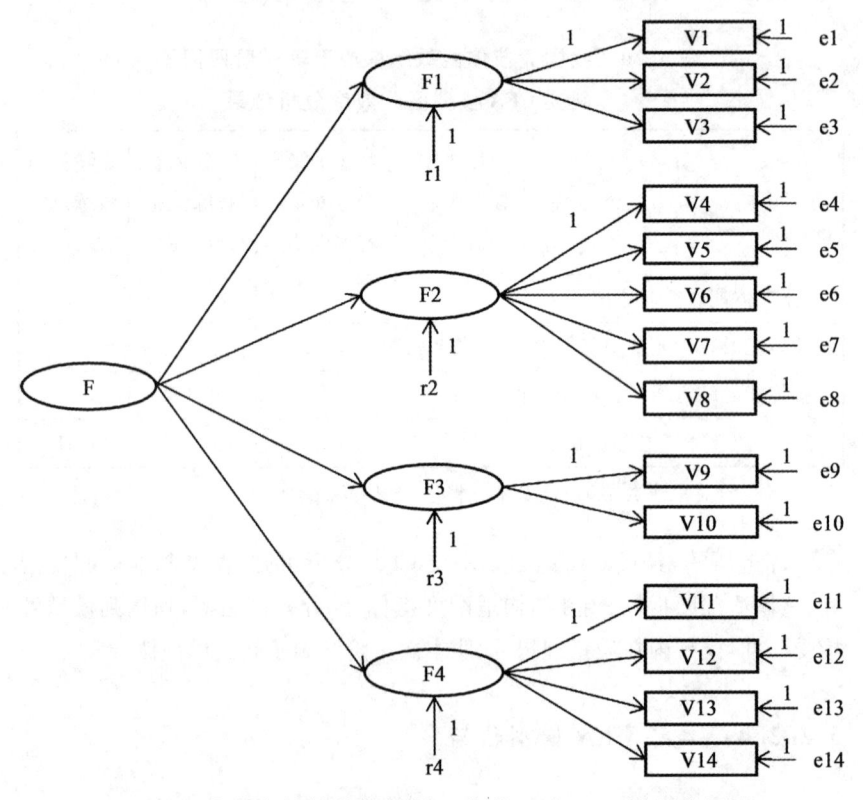

图 5.6 我国竞技体能教练核心素养二阶 CFA 模型分析图

5 我国竞技体能教练核心素养模型的验证与确立

(1)模型基本适配度分析

二阶验证性因素分析的过程和一阶 CFA 分析过程一样,经过执行 CFA 分析后,由表 5.21 可知模型的估计参数测量误差值均为正数且达到 0.05 显著水平,其变异标准误估计值均很小,其数值介于 0.003～0.017 之间,表示模型没有违规估计现象;二阶标准化因素负荷均处于 0.787～0.910 的范围以内,结果较为理想,说明 4 个测量构面对我国竞技体能教练的核心素养影响较大,可以较好地解释我国竞技体能教练核心素养。由上可知,二阶模型的基本适配度良好,其模型拟合图如图 5.7 所示。

表 5.21　二阶验证性因素分析模型参数估计值表

构面	指标	非标准载荷系数	标准误	z(CR 值)	p	标准载荷系数
F1	V1	1.000	—	—	—	0.856
F1	V2	1.130	0.058	19.471	0.000	0.884
F1	V3	1.121	0.064	17.572	0.000	0.822
F2	V4	1.000	—	—	—	0.828
F2	V5	0.966	0.050	19.383	0.000	0.881
F2	V6	0.978	0.060	16.327	0.000	0.788
F2	V7	0.865	0.045	19.035	0.000	0.871
F2	V8	0.870	0.053	16.313	0.000	0.787
F3	V9	1.000	—	—	—	0.885
F3	V10	1.163	0.061	18.983	0.000	0.879
F4	V11	1.000	—	—	—	0.864
F4	V12	0.931	0.049	18.847	0.000	0.839
F4	V13	0.886	0.045	19.794	0.000	0.863
F4	V14	0.975	0.053	18.277	0.000	0.823
F	F1	1.000	—	—	—	0.823
F	F2	1.399	0.110	12.727	0.000	0.910
F	F3	1.080	0.084	12.830	0.000	0.873
F	F4	1.187	0.097	12.293	0.000	0.832

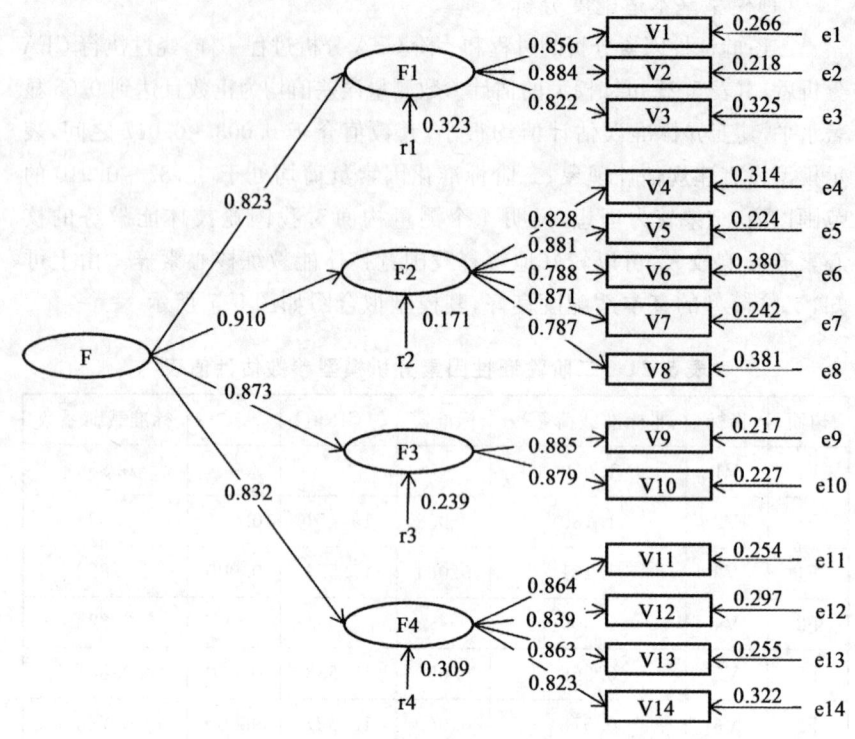

图 5.7　二阶验证性因素分析模型拟合图

(2) 模型整体适配度分析

经过执行 CFA 分析后,该模型自由度为 73,因此该模型识别属于过度识别,符合理论上模型正定的要求,x^2/df 为 2.921,符合小于 3 的标准,说明模型适配度较好;其他配适度指标方面,GFI、CFI、NFI 和 NNFI 均达到 0.90 以上的标准,RMSEA 为 0.079,小于 0.08 的标准,SRMR 为 0.044,达到小于 0.50 的标准,结果较为理想,表示模型的整体适配度较好,模型的外在质量佳,模型的结构效度好。

(3) 模型内在结构适配度指标

二阶验证性因素分析模型验证结果表明,经过执行 CFA 分析后,该模型在模型内在结构适配度指标方面,竞技体能教练职业信念的 AVE 值(变异数萃取量)为 0.730,竞技体能教练专业知识与能力的 AVE 值为 0.692,竞技体能教练沟通与合作能力的 AVE 值为 0.778,竞技体能教练自主发展能力的 AVE 值为 0.718,均大于 0.50 的标准;竞技体能教练职业信念的 CR 值(组成信度)为 0.890,竞技体能教练专业知识与能力的 CR 值为 0.918,竞技体能教练沟通与合作能力的 CR 值为 0.875,竞技体能教练自主发展能力的 CR 值为 0.911,均大于 0.70 的标准,说明二阶验证性因素分析模型的收敛效度和内在质量好,具体见表 5.22。

表 5.22　二阶验证性因素分析模型收敛效度结果一览表

构面	平均方差萃取 AVE 值	组合信度 CR 值
竞技体能教练职业信念(F1)	0.730	0.890
竞技体能教练专业知识与能力(F2)	0.692	0.918
竞技体能教练沟通与合作能力(F3)	0.778	0.875
竞技体能教练自主发展能力(F4)	0.718	0.911

(4)区分效度分析

由表 5.23 可知,竞技体能教练职业信念、竞技体能教练专业知识与能力、竞技体能教练沟通与合作能力、竞技体能教练自主发展能力之间具有显著性相关($p<0.01$),且相关系数均小于 AVE 的平方根,表示二阶验证性因素分析模型各构念之间具有一定的相关性,但各变量之间又具有一定的区分度,表明二阶验证性因素分析模型的区分度较好。

表 5.23　二阶验证性因素分析模型区分效度分析结果

	竞技体能教练职业信念	竞技体能教练专业知识与能力	竞技体能教练沟通与合作能力	竞技体能教练自主发展能力
竞技体能教练职业信念	0.855			
竞技体能教练专业知识与能力	0.652**	0.832		
竞技体能教练沟通与合作能力	0.632**	0.523**	0.812	
竞技体能教练自主发展能力	0.670**	0.690**	0.621**	0.847

备注:斜对角线数字为 AVE 平方根值,** 表示 $p<0.01$。

综上,经过二阶模型 CFA 分析,模型基本适配度指标、整体适配度指标、内在结构适配度指标、区分效度指标,均达到模型可接受标准,表示模型内在质量理想,由此最终得到我国竞技体能教练核心素养结构模型。竞技体能教练核心素养结构模型验证与确立的过程,其实质就是竞技体能教练核心素养量表编制的过程。说明本研究构建的竞技体能教练核心素养结构模型具有较好的信度和结构效度,即我国竞技体能教练核心素养量表具有较好信度和结构效度,可以作为我国竞技体能教练核心素养的测量工具。

5.2.2.5 我国竞技体能教练核心素养结构模型的确立

通过对我国竞技体能教练核心素养结构模型观测数据的验证,说明质性研究提出的我国竞技体能教练核心素养概念模型是成立的,即我国竞技体能教练核心素养是由竞技体能教练职业信念、竞技体能教练专业知识与能力、竞技体能教练沟通与合作能力和竞技体能教练自主发展能力 4 个维度和 14 个观测变量构成,其中竞技体能教练职业信念因素可以分为竞技体能教练职业道德、竞技体能教练职业认同、竞技体能教练职业精神 3 个观测变量;竞技体能教练专业知识和能力因素可以分为体能训练专业知识,体能训练计划设计与实施能力,体能训练测试、监控与评估能力,体能训练实操能力,体能训练运动损伤预防能力 5 个观测变量;竞技体能教练沟通与合作能力因素可以分为竞技体能教练沟通交流能力和竞技体能教练团队合作能力 2 个观测变量;竞技体能教练自主发展能力可以分为体能训练科研能力、体能训练创新能力、竞技体能教练持续学习能力和竞技体能教练批判性反思能力 4 个观测变量,具体见图 5.8。

5.3 讨论

我国竞技体能教练核心素养的编制,其目的就是对质性研究构建的竞技体能教练核心素养概念模型的验证,也为后续的实证研究提供了测

5 我国竞技体能教练核心素养模型的验证与确立

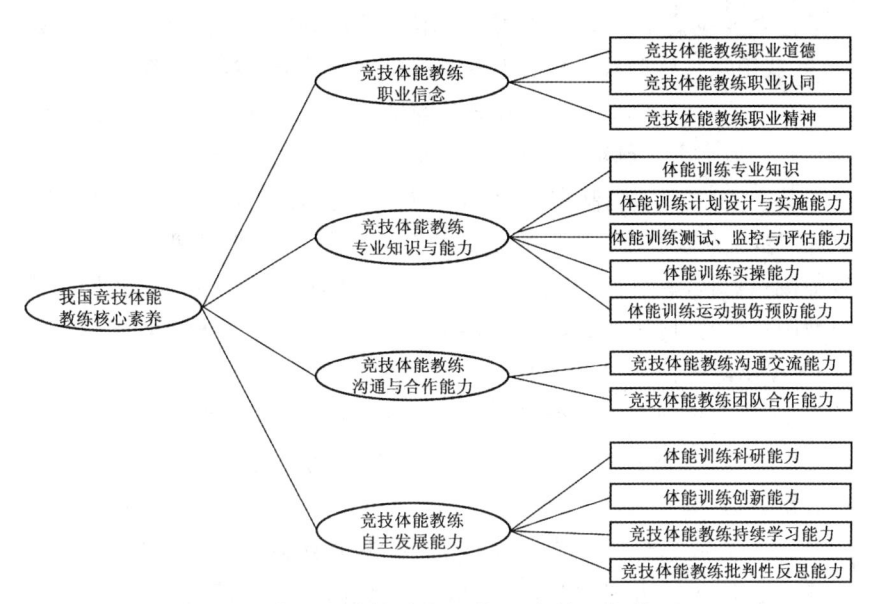

图 5.8 我国竞技体能教练核心素养结构模型图

量工具。根据质性研究结果,竞技体能教练核心素养概念模型是一个四维结构,它是由竞技体能教练职业信念、竞技体能教练专业知识与能力、竞技体能教练沟通与合作能力和竞技体能教练自主发展能力 4 个维度和 14 个要点组成。本研究采用先定性后定量的方式对体能教练核心素养概念模型进行验证,定量研究结果可知体能教练核心素养是一个四维结构,它是由竞技体能教练职业信念、竞技体能教练专业知识与能力、竞技体能教练沟通与合作能力和竞技体能教练自主发展能力 4 个维度和 14 个观测变量组成,这与质性研究结果一样。即验证了质性研究构建的竞技体能教练核心素养概念模型的稳定性和可靠性,说明依据质性研究结果的编制竞技体能教练核心素养量表具有较高的信度和效度,可以作为后续实证研究的测量工具。同时,本研究在量表的编制规则中严格遵守量表的编制规则和程序,确保了研究过程的科学性和研究结果的可靠性。

首先,在质性研究结果的基础上,编制了《我国竞技体能教练核心素养预试量表》,且邀请 5 个专家对该量表内容的适切性和代表性进行了检验,保证了量表的内容效度。通过对预试问卷进行项目分析和探索性因子分析,总共删除 5 个区分度和一致性不高的选题,并对预试问卷进行了信效度检验,具有较好的可靠性和稳定性,最终制定了包含41个题项的《我国竞技体能教练核心素养正式量表》,其中竞技体能教练职业信念8个题项,竞技体能教练专业知识与能力13个题项,竞技体能教练沟通与合作能力9个题项,竞技体能教练自主发展能力11个题项。

其次,正式量表编制完成后,需要对正式量表进行验证性因素分析,以进一步验证量表建构效度的适切性与真实性,即为确保"我国竞技体能教练核心素养"解构成4个构面是合理而且是必须的,需要对正式量表进行结构模型的拟合,主要包括一阶CFA模型和二阶CFA模型检验。经一阶CFA模型检验,各指标均达到模型可接受标准,说明一阶CFA模型拟合成功,且一阶四个潜在变量之间的相关系数均为0.523~0.690,说明4个潜在变量呈中高度关联,即4个一阶因素构念能够被竞技体能教练核心素养这个高阶构念所解释,需构建一个竞技体能教练核心素养二阶CFA模型。经二阶CFA模型检验,各指标均达到模型可接受标准,说明本二阶CFA模型拟合成功,模型内在质量理想,最终得到了《我国竞技体能教练核心素养量表》。由此说明,依据质性研究结果编制的《我国竞技体能教练核心素养量表》具有较好的信度和建构效度,可以作为进一步研究的工具。

综上,质性研究结果在定量研究中得到了验证,依据质性研究结果编制的《我国竞技体能教练核心素养量表》由41个题项构成,共包括竞技体能教练职业信念、竞技体能教练专业知识与能力、竞技体能教练沟通与合作能力和竞技体能教练自主发展能力4个维度,具有较高的信效度,可以作为我国竞技体能教练核心素养水平的测量工具。本研究编制的我国竞技体能教练核心素养模型(量表)与已有相关模型(量表)有较大差异:一是目前国内外没有竞技体能教练核心素养的相关研究,从研究内容来讲,本研究构建的竞技体能教练核心素养结构模型具有独特性和唯一性;二是我国竞技体能教练核心素养量表的维度、题项的测量指标均源于质性研究,采用的是自下而上的逻辑进行推导,而不是采用自上而下依靠宏观理论进行推导,更加符合我国竞技体能教练群体的特点;三是原始资料均来源于体能训练专家的访谈,而测量题项来源于访谈的原始资料,且都能在原始资料中找到出处,更加体现了我国竞技体能教练核心素养的情境性、特殊性、排他性和具体性。

5.4 小结

5.4.1 《我国竞技体能教练核心素养量表》的编制

本研究在质性研究方法构建的我国竞技体能教练核心素养模型的基础上,编制了《我国竞技体能教练核心素养量表》。通过预试量表项目分析、探索性因素分析和正式量表验证性因子分析,最终得到 1 个高阶因素构念"竞技体能教练核心素养",4 个初阶因素构念,分别是"竞技体能教练职业信念""竞技体能教练专业知识与能力""竞技体能教练沟通与合作能力"和"竞技体能教练自主发展能力"。量表总共 41 个题项,其中"竞技体能教练职业信念"构念 8 个题项、"竞技体能教练专业知识与能力"构念 13 个题项、"竞技体能教练沟通与合作能力"构念 9 个题项,"竞技体能教练自主发展能力"构念 11 个题项,具体题项见附录 C。经检验,我国竞技体能教练核心量表具有较高的信度和建构效度,可以作为我国竞技体能教练核心素养水平的测量工具。

5.4.2 我国竞技体能教练核心素养的结构

基于质性研究构建的我国竞技体能教练核心素养概念模型,是由竞技体能教练职业信念、竞技体能教练专业知识与能力、竞技体能教练沟通与合作能力和竞技体能教练自主发展能力组成的一个四维结构,根据这个结构编制了《我国竞技体能教练核心素养量表(预试)》,经过对预试量表进行项目分析和探索性分析,确定了《我国竞技体能教练核心素养量表(正式)》。然后,选取竞技体能教练作为被试,进行正式量表的施测。运用结构方程模型的方法,使用 AMOS24.0 软件对数据进行验证性因素分析,最终确定竞技体能教练核心素养结构模型是一个二阶模型。该模型的二阶因素为竞技体能教练核心素养,4 个一阶因素为竞技体能教练职业信念、竞技体能教练专业知识与能力、竞技体能教练沟通与合作能力和竞技体能教练自主发展能力,以及 14 个观测变量组成,这与质性研究结果一致。

6 我国竞技体能教练核心素养的群体差异研究

在完成概念解构和测量后,科学研究会推进到群体差异这一特定问题[217],群体差异研究其实质就是对群体在某方面的现状进行调查分析。群体差异研究具有重要的价值,可以对现状进行总结,为后续提出建议提供实证依据。本研究运用探索性混合设计方法,首先运用扎根理论构建我国竞技体能教练核心素养理论模型,然后运用结构方程模型编制了信效度较好的《我国竞技体能教练核心素养量表》,在此基础上进行竞技体能教练核心素养的群体差异研究,为后续的研究提供数据支撑。关于群体差异研究,一般多是从性别、学历、工作时间等人口统计学入手,来探讨不同群体的具体差异[218]。目前关于核心素养研究集中在学生、教师等群体应具备哪些核心素养内涵的研究,对群体差异问题关注还很少。本研究根据我国竞技体能教练的特点,拟从性别、学历、执教时间和执教类型等方面探讨我国竞技体能教练核心素养的群体差异。

此外,由于群体差异性研究的统计检验是基于虚无假设检验进行的,在研究设计时本应考虑样本量问题,以避免Ⅱ型错误对研究结论产生影响。但是,目前还没有竞技体能教练核心素养群体差异研究的类似研究,在事前检验确定调查样本量的大小来避免Ⅱ型错误是比较困难的。因此,本研究采用事后检验的方式,计算统计功效($1-\beta$),确保正确发现差异,进行合理的推论。

6.1 研究方法

6.1.1 量表调查法

6.1.1.1 研究被试

采用问卷形式,运用微信和QQ平台进行数据的收集,具体见附录D。本部分量表的发放形式和量表填写的质量监控,与第5部分研究是一致的。同样,为提高样本的质量,量表填写者按照要求填完后给予一定的现金奖励。本研究总共发放400份量表,收回400份量表,经过研究者认真筛选剔除无效量表72份,有效量表为328份,有效回收率为82%。根据调查数据显示,男性体能教练282人,女性体能教练46人;本科学历体能教练93人,硕士体能教练210人,博士体能教练25人;国家队体能教练146人,省队体能教练122人,职业队体能教练60人,其他具体信息如表6.1所示。

表6.1 调查对象基本情况一览表(n=328)

类别	构成	人数	百分比	有效百分比
性别	男	282	86.00	86.00
	女	46	14.00	14.00
学历	本科	93	26.22	26.22
	硕士	210	67.98	67.98
	博士	25	5.80	5.80
执教时间	5年以内	188	57.30	57.30
	6—10年	96	29.30	29.30
	11年以上	44	13.40	13.40

续表

类别	构成	人数	百分比	有效百分比
执教类型	国家队运动员	146	44.50	44.50
	省队运动员	122	37.20	37.20
	职业队运动员	60	18.30	18.30

6.1.1.2 测量工具

采用自编的《我国竞技体能教练核心素养量表》,该量表经验证性因素分析具有较高的信效度,可以作为我国竞技体能教练核心素养的测量工具。竞技体能教练核心素养量表包含 4 个维度:竞技体能教练职业信念、竞技体能教练专业知识与能力、竞技体能教练沟通与合作能力和竞技体能教练自主发展能力。我国竞技体能教练核心素养量表共 41 个题项,采用 5 级 Likert 式,从 1 表示非常不符合到 5 表示非常符合。

6.1.2 数理统计法

根据研究需要,运用 Spss22.0 对数据进行 T 检验、方差分析;使用 G*power 3.1 软件,计算统计功效。

6.2 结果与分析

6.2.1 我国竞技体能教练核心素养整体水平分析

在采用 Likert 五点量表调查量表中,一般以 3 分作为中间分,4 分为较高分,5 分为高分。由表 6.2 可知,我国竞技体能教练核心素养总体得分 3.890,处于中间分与较高分之间,说明我国竞技体能教练核心素养整体水平一般,还有待提高。

6 我国竞技体能教练核心素养的群体差异研究

在竞技体能教练核心素养4个维度上,除了"竞技体能教练职业信念"维度的得分超过4分,为4.051分,达到较高水平外,其余3个维度的得分均低于4分,其中"竞技体能教练专业知识与能力"维度为3.792分,"竞技体能教练沟通与合作能力"维度为3.950分,"竞技体能教练自主发展能力"维度为3.838分,具体见表6.2。就子因素而言,职业认同的平均分最高,为4.075,体能训练专业知识的平均得分最低,为3.707,其他的具体见表6.3。

表6.2 我国竞技体能教练核心素养描述性统计结果(n=328)

检验变量	样本量	最小值	最大值	平均值	标准差
竞技体能教练职业信念	328	2.500	5.000	4.051	0.462
竞技体能教练专业知识与能力	328	2.308	5.000	3.792	0.531
竞技体能教练沟通与合作能力	328	2.444	5.000	3.950	0.468
竞技体能教练自主发展能力	328	2.273	5.000	3.838	0.537
竞技体能教练核心素养	328	2.780	5.000	3.890	0.448

表6.3 子因素单题平均分顺序排列表(n=328)(由高到低)

检验变量	样本量	最小值	最大值	平均值	标准差
竞技体能教练职业认同	328	2.333	5.000	4.075	0.540
竞技体能教练职业道德	328	2.000	5.000	4.056	0.521
竞技体能教练职业精神	328	2.500	5.000	4.009	0.550
竞技体能教练团队合作能力	328	2.000	5.000	3.979	0.580
竞技体能教练沟通交流能力	328	2.500	5.000	3.935	0.487
体能训练计划设计与实施能力	328	2.000	5.000	3.900	0.606
竞技体能教练批判性反思能力	328	2.000	5.000	3.870	0.626
体能训练创新能力	328	2.000	5.000	3.848	0.613
体能训练科研能力	328	2.000	5.000	3.819	0.628
竞技体能教练持续学习能力	328	2.000	5.000	3.819	0.586
体能训练测试、监控与评估能力	328	2.000	5.000	3.805	0.645
体能训练实操能力	328	2.250	5.000	3.770	0.564
体能训练运动损伤预防能力	328	2.000	5.000	3.723	0.672
体能训练专业知识	328	2.000	5.000	3.707	0.680

6.2.2 竞技体能教练核心素养的性别差异分析

采用独立样本 T 检验,对竞技体能教练核心素养总量表和分量表进行性别差异检验,结果显示如表 6.4。由表 6.4 可知,在总量表和分量表竞技体能教练职业信念、竞技体能教练专业知识与能力、竞技体能教练沟通与合作能力、竞技体能教练自主发展能力上,男女得分均存在显著的统计学差异($p<0.05$),男性体能教练的得分显著高于女性体能教练,说明体能教练核心素养存在性别差异。在此基础上,进一步求出效应值(Cohen's d),由表 6.4 可知:性别变量在竞技体能教练职业信念、竞技体能教练专业知识与能力、竞技体能教练沟通与合作能力和体能教练自主发展能力的效应值分别为 0.418、0.485、0.484 和 0.393,说明性别变量可分别解释竞技体能教练职业信念、竞技体能教练专业知识与能力、竞技体能教练沟通与合作能力和竞技体能教练自主发展能力总方差中的 41.8%、48.5%、48.4% 和 39.3% 的变异量;性别变量在竞技体能教练核心素养总量表的效应值为 0.505,说明性别可解释竞技体能教练核心素养总量表总方差中的 50.5% 的变异量。

表 6.4 我国竞技体能教练核心素养水平的性别差异比较(n=328)

检验变量	男(n=282) 平均值±标准差	女(n=46) 平均值±标准差	t	p	Cohen's d
竞技体能教练职业信念	4.09±0.41	3.89±0.64	2.183	0.033	0.418
竞技体能教练专业知识与能力	3.84±0.48	3.58±0.68	2.702	0.009	0.485
竞技体能教练沟通与合作能力	3.99±0.43	3.77±0.59	2.730	0.008	0.484
竞技体能教练自主发展能力	3.88±0.50	3.67±0.68	2.223	0.029	0.393
竞技体能教练核心素养	3.93±0.40	3.71±0.58	2.776	0.007	0.505

进一步分析,将子因素作为检验变量,性别作为分组变量的差异比较,结果如表 6.5 所示。由表 6.5 可知,在竞技体能教练职业精神、体能训练计划设计与实施能力、体能训练测试与评估能力、体能训练运动损伤预防能力、竞技体能教练团队合作能力和体能训练科研能力等子因素上,男女得分均存在显著的统计学差异($p<0.05$),男性体能教练的得分显著

6 我国竞技体能教练核心素养的群体差异研究

高于女性体能教练,说明竞技体能教练核心素养在上述子因素上存在显著的性别差异。在此基础上,进一步求出效应值,由表6.5可知:其性别变量在竞技体能教练职业精神,体能训练计划设计与实施能力,体能训练测试、监控与评估能力,体能训练实践操作能力,体能训练运动损伤预防能力,竞技体能教练沟通交流能力,竞技体能教练团队合作能力,体能训练科研能力和竞技体能教练持续学习能力的效应值分别为0.366、0.536、0.449、0.390、0.423、0.395、0.505、0.538和0.330,说明性别变量可以分别为竞技体能教练职业精神,体能训练计划设计与实施能力,体能训练测试、监控与评估能力,体能训练实操能力,体能训练运动损伤预防能力,竞技体能教练沟通交流能力,竞技体能教练团队合作能力,体能训练科研能力和竞技体能教练持续学习能力总方差中的36.6%、53.6%、44.9%、39.0%、42.3%、39.5%、50.5%、53.8%和33.0%的变异。

表6.5 我国竞技体能教练核心素养水平的性别差异比较(子因素)(n=328)

检验变量	男(n=282) 平均值±标准差	女(n=46) 平均值±标准差	t	p	Cohen's d
竞技体能教练职业道德	4.09±0.48	3.91±0.67	1.926	0.058	0.347
竞技体能教练职业认同	4.11±0.49	3.91±0.71	1.994	0.050	0.366
竞技体能教练职业精神	4.04±0.51	3.84±0.70	2.053	0.044	0.366
体能训练专业知识	3.74±0.65	3.57±0.81	1.477	0.144	0.248
体能训练计划设计与实施能力	3.96±0.55	3.64±0.76	3.044	0.003	0.536
体能训练测试、监控与评估能力	3.88±0.60	3.59±0.77	2.651	0.010	0.449
体能训练实操能力	3.81±0.52	3.59±0.73	2.161	0.034	0.390
体能训练运动损伤预防能力	3.77±0.64	3.49±0.78	2.562	0.012	0.423
竞技体能教练沟通交流能力	3.97±0.45	3.78±0.62	2.218	0.030	0.395
竞技体能教练团队合作能力	4.03±0.55	3.74±0.68	3.032	0.003	0.505
体能训练科研能力	3.88±0.58	3.55±0.75	3.156	0.002	0.538
体能训练创新能力	3.87±0.58	3.75±0.75	1.132	0.261	0.194
竞技体能教练持续学习能力	3.85±0.55	3.66±0.72	1.913	0.060	0.330
竞技体能教练批判性反思能力	3.90±0.59	3.74±0.77	1.518	0.133	0.262

最后，对竞技体能教练核心素养总量表在性别上的差异研究的统计功效进行了检验，以规避Ⅱ型错误对结果的影响。由图 6.1 可知，在本研究收集 300 个样本数据时，统计功效为 0.857，超过统计功效 0.8 的最低标准，即可认为研究的统计结果是有效的和可靠的。经检验，本研究最终的统计功效为 0.886。

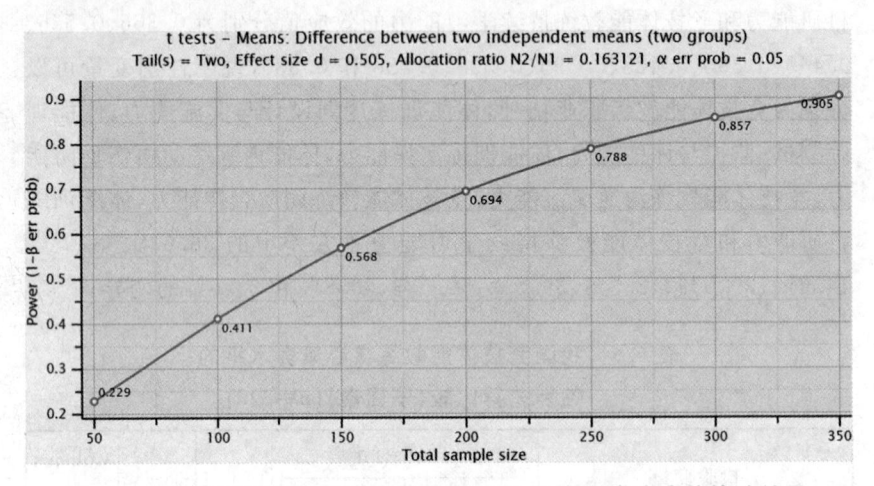

图 6.1 竞技体能教练核心素养性别差异 T 检验统计功效检验结果

6.2.3 竞技体能教练核心素养的学历差异分析

不同学历的我国竞技体能教练在核心素养 4 个初阶因素分量表和总量表得分的描述性统计结果见表 6.6，子因素得分的描述性统计结果见表 6.7。各因素的均值关于学历的变化情况，显示竞技体能教练职业信念、竞技体能教练专业知识与能力、竞技体能教练沟通与合作能力、竞技体能教练自主发展能力和竞技体能教练核心素养依变量上随着学历的增长呈现一直上升的变化趋势。子因素的均值关于学历的变化情况，显示竞技体能教练职业精神，体能训练专业知识，体能训练计划设计与实施能力，体能训练测试、监控与评估能力，体能训练实操能力，体能训练运动损伤预防能力，竞技体能教练沟通交流能力，竞技体能教练团队合作能力，体能训练科研能力，体能训练创新能力，竞技体能教练持续学习能力和竞技体能教练批判性反思能力，依变量上随着学历的增长都呈现持续上升的变化趋势。

6 我国竞技体能教练核心素养的群体差异研究

表 6.6　不同学历我国竞技体能教练核心素养水平的描述性统计量（n＝328）

检验变量	学历（平均值±标准差）		
	本科（n＝93）	硕士（n＝210）	博士（n＝25）
竞技体能教练职业信念	4.03±0.47	4.04±0.45	4.26±0.47
竞技体能教练专业知识与能力	3.64±0.63	3.82±0.46	4.13±0.52
竞技体能教练沟通与合作能力	3.86±0.58	3.96±0.40	4.20±0.42
竞技体能教练自主发展能力	3.69±0.67	3.87±0.45	4.15±0.55
竞技体能教练核心素养	3.78±0.55	3.90±0.37	4.18±0.47

表 6.7　不同学历我国竞技体能教练核心素养水平的描述性统计量（子因素）（n＝328）

检验变量	学历（平均值±标准差）		
	本科（n＝93）	硕士（n＝210）	博士（n＝25）
竞技体能教练职业道德	4.08±0.49	4.02±0.53	4.31±0.49
竞技体能教练职业认同	4.10±0.55	4.04±0.53	4.24±0.56
竞技体能教练职业精神	3.90±0.57	4.03±0.54	4.24±0.52
体能训练专业知识	3.61±0.73	3.72±0.65	3.96±0.73
体能训练计划设计与实施能力	3.76±0.72	3.92±0.54	4.25±0.54
体能训练测试、监控与评估能力	3.67±0.72	3.85±0.58	4.24±0.61
体能训练实操能力	3.61±0.70	3.80±0.47	4.10±0.55
体能训练运动损伤预防能力	3.55±0.76	3.76±0.61	4.06±0.65
竞技体能教练沟通交流能力	3.84±0.59	3.95±0.42	4.19±0.46
竞技体能教练团队合作能力	3.89±0.70	3.99±0.53	4.23±0.46
体能训练科研能力	3.67±0.72	3.84±0.56	4.16±0.63
体能训练创新能力	3.74±0.74	3.86±0.54	4.12±0.62
竞技体能教练持续学习能力	3.64±0.71	3.85±0.49	4.25±0.53
竞技体能教练批判性反思能力	3.72±0.72	3.91±0.57	4.05±0.64

采用单因素方差分析方法检验我国竞技体能教练核心素养总量表、分量表的得分是否存在学历差异，结果如表6.8所示，发现不同学历的竞技体能教练核心素养总量表和分量表的得分存在统计学非常显著性差异（p<0.01），表示竞技体能教练在总量表竞技体能教练核心素养和分量表竞技体能教练专业知识与能力、竞技体能教练沟通与交流能力、竞技体能教练自主发展能力等方面存在学历差异。为了进一步探究哪些配对组之间差异达到显著差异，采用HSD法进行事后比较检验。由表6.9可知，在总量表竞技体能教练核心素养和竞技体能教练专业知识与能力、竞技体能教练沟通与合作能力、竞技体能教练自主发展能力维度上，硕士和博士群体得分显著高于本科群体（p<0.05），博士群体得分显著高于硕士群体（p<0.05），由此说明我国竞技体能教练核心素养水平与学历有着密切关系。

表6.8 竞技体能教练核心素养学历差异水平比较（n=328）

检验变量	变异来源	平方和	自由度	均方	F	p	Cohen's f值
竞技体能教练职业信念	组间	1.249	2	0.625	2.962	0.053	0.135
竞技体能教练专业知识与能力	组间	5.008	2	2.504	9.353	0.000	0.240
竞技体能教练沟通与合作能力	组间	2.431	2	1.216	5.722	0.004	0.188
竞技体能教练自主发展能力	组间	4.658	2	2.329	8.444	0.000	0.228
竞技体能教练核心素养	组间	3.205	2	1.602	8.343	0.000	0.227

表6.9 竞技体能教练核心素养学历差异方差分析事后检验结果（n=328）

	(I)学历	(J)学历	(I)平均值	(J)平均值	差值(I-J)	p
竞技体能教练专业知识与能力	本科	硕士	3.644	3.818	-0.173	0.008
	本科	博士	3.644	4.129	-0.485	0.000
	硕士	博士	3.818	4.129	-0.312	0.005
竞技体能教练沟通与合作能力	本科	硕士	3.858	3.960	-0.102	0.075
	本科	博士	3.858	4.204	-0.347	0.001
	硕士	博士	3.960	4.204	-0.244	0.013

6 我国竞技体能教练核心素养的群体差异研究

续表

	(I)学历	(J)学历	(I)平均值	(J)平均值	差值(I-J)	p
竞技体能教练自主发展能力	本科	硕士	3.689	3.867	-0.178	0.007
	本科	博士	3.689	4.149	-0.460	0.000
	硕士	博士	3.867	4.149	-0.282	0.012
竞技体能教练核心素养	本科	硕士	3.781	3.903	-0.122	0.026
	本科	博士	3.781	4.178	-0.396	0.000
	硕士	博士	3.903	4.178	-0.274	0.003

进一步分析,采用单因素方差分析检验不同学历竞技体能教练在核心素养子因素上是否存在水平差异,结果如表6.10所示,除了体能教练职业认同、体能训练专业知识外,其他子因素在学历上存在显著性差异。为了进一步探究哪些配对组之间差异达到显著,采用HSD法进行事后检验比较,结果如表6.11所示:在子因素中除了竞技体能教练职业道德和职业精神外,其他子因素硕士和博士群体得分显著高于本科群体($p<0.05$);在子因素中除了竞技体能教练职业精神、体能训练运动损伤预防能力、体能训练创新能力和竞技体能教练批判性反思能力外,其他子因素博士群体的得分显著高于硕士群体($p<0.05$)。

表6.10 不同学历竞技体能教练核心素养
水平差异比较(子因素)(n=328)

检验变量	变异来源	平方和	自由度	平均平方和	F	p	Cohen's f值
竞技体能教练职业道德	组间	1.958	2	0.979	3.670	0.027	0.150
竞技体能教练职业认同	组间	0.975	2	0.488	1.677	0.188	0.102
竞技体能教练职业精神	组间	2.455	2	1.227	4.133	0.017	0.159
体能训练专业知识	组间	2.454	2	1.227	2.677	0.070	0.128
体能训练计划设计与实施能力	组间	5.037	2	2.519	7.115	0.001	0.209
体能训练测试、监控与评估能力	组间	6.607	2	3.303	8.366	0.000	0.227
体能训练实操能力	组间	5.398	2	2.699	8.885	0.000	0.234
体能训练运动损伤预防能力	组间	5.955	2	2.977	6.824	0.001	0.205

续表

检验变量	变异来源	平方和	自由度	平均平方和	F	p	Cohen's f值
竞技体能教练沟通交流能力	组间	2.459	2	1.230	5.329	0.005	0.181
竞技体能教练团队合作能力	组间	2.378	2	1.189	3.584	0.029	0.149
体能训练科研能力	组间	5.101	2	2.550	6.687	0.001	0.203
体能训练创新能力	组间	3.060	2	1.530	4.150	0.017	0.160
竞技体能教练持续学习能力	组间	7.797	2	3.899	12.115	0.000	0.273
竞技体能教练批判性反思能力	组间	3.205	2	1.603	4.173	0.016	0.160

表6.11 竞技体能教练核心素养学历差异方差分析事后检验结果(子因素)(n=328)

检验变量	组别(I)	组别(J)	平均值(I)	平均值(J)	差值(I-J)	p
竞技体能教练职业道德	本科	硕士	4.016	4.045	-0.029	0.655
	本科	博士	4.016	4.368	-0.353	0.007
	硕士	博士	4.045	4.368	-0.324	0.009
竞技体能教练职业精神	本科	硕士	3.903	4.029	-0.125	0.066
	本科	博士	3.903	4.240	-0.337	0.006
	硕士	博士	4.029	4.240	-0.211	0.068
体能训练计划设计与实施能力	本科	硕士	3.647	3.964	-0.317	0.000
	本科	博士	3.647	4.298	-0.651	0.000
	硕士	博士	3.964	4.298	-0.334	0.017
体能训练测试、监控与评估能力	本科	硕士	3.547	3.865	-0.319	0.000
	本科	博士	3.547	4.263	-0.717	0.000
	硕士	博士	3.865	4.263	-0.398	0.008
体能训练实操能力	本科	硕士	3.515	3.833	-0.318	0.000
	本科	博士	3.515	4.184	-0.670	0.000
	硕士	博士	3.833	4.184	-0.351	0.007

续表

检验变量	组别(I)	组别(J)	平均值(I)	平均值(J)	差值(I-J)	p
体能训练运动损伤预防能力	本科	硕士	3.424	3.805	-0.381	0.000
	本科	博士	3.424	4.105	-0.681	0.000
	硕士	博士	3.805	4.105	-0.300	0.053
竞技体能教练沟通交流能力	本科	硕士	3.771	3.974	-0.203	0.001
	本科	博士	3.771	4.228	-0.457	0.000
	硕士	博士	3.974	4.228	-0.254	0.026
竞技体能教练团队合作能力	本科	硕士	3.818	4.013	-0.196	0.007
	本科	博士	3.818	4.298	-0.480	0.001
	硕士	博士	4.013	4.298	-0.285	0.037
体能训练科研能力	本科	硕士	3.585	3.872	-0.287	0.025
	本科	博士	3.585	4.140	-0.555	0.000
	硕士	博士	3.872	4.140	-0.268	0.048
体能训练创新能力	本科	硕士	3.645	3.901	-0.256	0.001
	本科	博士	3.645	4.132	-0.486	0.002
	硕士	博士	3.901	4.132	-0.230	0.110
竞技体能教练持续学习能力	本科	硕士	3.547	3.886	-0.340	0.000
	本科	博士	3.547	4.263	-0.717	0.000
	硕士	博士	3.886	4.263	-0.377	0.005
竞技体能教练批判性反思能力	本科	硕士	3.636	3.943	-0.308	0.000
	本科	博士	3.636	4.070	-0.435	0.005
	硕士	博士	3.943	4.070	-0.127	0.385

最后,对竞技体能教练核心素养总量表在学历上差异研究的统计功效进行了检验,以规避Ⅱ型错误对结果的影响。经检验,本研究最终的统计功效为0.964,超过统计功效0.80的最低标准,表明本次统计犯Ⅱ型错误的概率不到4%,具体见图6.2。

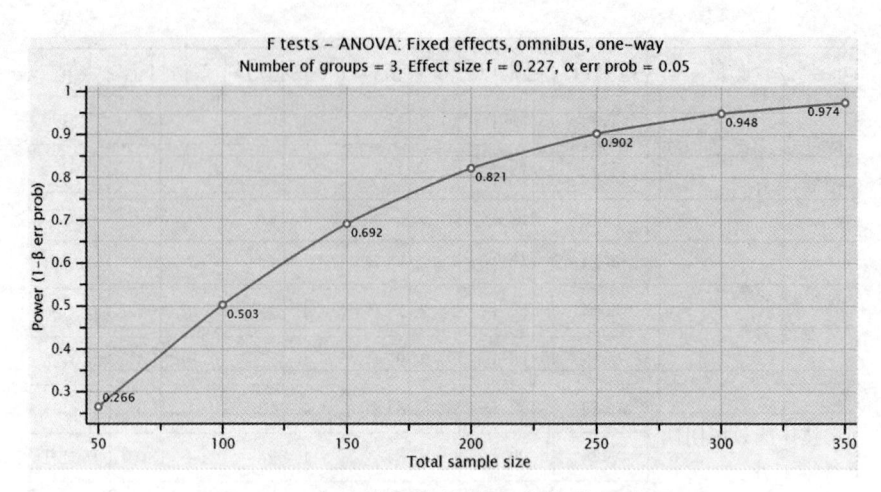

图 6.2　竞技体能教练核心素养学历差异
单因素方差分析统计功效检验结果

6.2.4　竞技体能教练核心素养的执教时间差异分析

不同执教时间的我国竞技体能教练在核心素养四个初阶因素分变量和总量表得分的描述性统计结果见表 6.12,子因素描述性得分统计结果见表 6.13。各因素的均值关于执教时间的变化情况,显示竞技体能教练总量表和分维度竞技体能教练职业信念、竞技体能教练专业知识与能力、竞技体能教练沟通与合作能力和竞技体能教练自主发展能力随着执教时间的增长都呈现一直增长的趋势。子因素的均值关于执教时间的增长变化情况,显示竞技体能教练职业道德,竞技体能教练职业认同,竞技体能教练职业精神,体能训练专业知识,体能训练计划设计与实施能力,体能训练测试、监控与评估能力,体能训练实操能力,体能训练运动损伤预防能力,竞技体能教练沟通交流能力,竞技体能教练团队合作能力,体能训练科研能力,体能训练创新能力,竞技体能教练持续学习能力,竞技体能教练批判性反思能力依变量随着执教时间的增长都呈现一直增长的趋势。

6 我国竞技体能教练核心素养的群体差异研究

表 6.12　不同执教时间我国竞技体能教练核心素养水平的描述性统计量(n＝328)

检验变量	平均值±标准差		
	<5年(n＝188)	6—10年(n＝96)	>11年(n＝44)
竞技体能教练职业信念	3.99±0.44	4.10±0.40	4.23±0.62
竞技体能教练专业知识与能力	3.67±0.48	3.86±0.49	4.16±0.62
竞技体能教练沟通与合作能力	3.85±0.44	4.00±0.42	4.27±0.53
竞技体能教练自主发展能力	3.75±0.50	3.85±0.51	4.20±0.58
竞技体能教练核心素养	3.79±0.41	3.94±0.40	4.21±0.54

表 6.13　不同执教时间我国竞技体能教练核心素养水平的描述性统计量(子因素)(n＝328)

检验变量	平均值±标准差		
	<5年(n＝188)	6—10年(n＝96)	>11年(n＝44)
竞技体能教练职业道德	4.00±0.48	4.06±0.48	4.28±0.69
竞技体能教练职业认同	3.99±0.53	4.18±0.47	4.20±0.68
竞技体能教练职业精神	3.95±0.54	4.04±0.51	4.18±0.66
体能训练专业知识	3.58±0.64	3.76±0.65	4.13±0.74
体能训练计划设计与实施能力	3.78±0.59	4.00±0.55	4.19±0.67
体能训练测试、监控与评估能力	3.69±0.61	3.92±0.58	4.22±0.73
体能训练实操能力	3.66±0.53	3.81±0.51	4.16±0.64
体能训练运动损伤预防能力	3.60±0.65	3.80±0.68	4.09±0.62
竞技体能教练沟通交流能力	3.84±0.46	3.97±0.43	4.27±0.55
竞技体能教练团队合作能力	3.88±0.52	4.05±0.57	4.26±0.71
体能训练科研能力	3.73±0.60	3.82±0.62	4.20±0.61
体能训练创新能力	3.79±0.57	3.81±0.63	4.19±0.65
竞技体能教练持续学习能力	3.73±0.56	3.84±0.55	4.16±0.65
竞技体能教练批判性反思能力	3.76±0.61	3.93±0.59	4.23±0.60

采用单因素方差分析方法检验我国竞技体能教练核心素养总量表及其分量表上的得分是否存在执教时间差异。由表 6.14 可知,不同执教时间的我国竞技体能教练核心素养总量表及分量表层面得分存在统计显著性差异($p<0.01$),由此表示不同执教时间的竞技体能教练在总量表竞技体能教练核心素养和分维度竞技体能教练职业信念、竞技体能教练专业知识与能力、竞技体能教练沟通与交流能力、竞技体能教练自主发展能力的水平上存在显著差异。为了进一步探究哪些配对组之间差异达到显著,采用 HSD 法进行事后比较检验。由表 6.15 可知,在 6—10 年、11 年以上的执教时间组样本在总量表竞技体能教练核心素养和分维度竞技体能教练职业信念、竞技体能教练专业知识与能力、竞技体能教练沟通与交流能力上的得分均显著高于执教时间 5 年以下组样本的得分;在 11 年以上的执教时间组样本在总量表竞技体能教练核心素养和分维度竞技体能教练专业知识与能力、竞技体能教练沟通与交流能力、体竞技能教练自主发展能力上的得分显著高于 6—10 年执教时间组样本的得分,说明竞技体能教练的核心素养水平与执教时间有着非常密切的关系。

表 6.14 竞技体能教练核心素养执教时间
差异方差分析结果($n=328$)

检验变量	变异来源	平方和	自由度	均方	F	p	Cohen's f 值
竞技体能教练职业信念	组间	2.410	2	1.205	5.813	0.003	0.189
竞技体能教练专业知识与能力	组间	9.172	2	4.586	17.988	0.000	0.333
竞技体能教练沟通与合作能力	组间	6.374	2	3.187	15.912	0.000	0.313
竞技体能教练自主发展能力	组间	7.342	2	3.671	13.720	0.000	0.291
竞技体能教练核心素养	组间	6.407	2	3.203	17.581	0.000	0.329

表 6.15 竞技体能教练核心素养执教时间差异
方差分析事后检验结果($n=328$)

检验变量	组别(I)	组别(J)	平均值(I)	平均值(J)	差值(I-J)	p
竞技体能教练职业信念	<5 年	6—10 年	3.985	4.100	-0.115	0.045
	<5 年	>11 年	3.985	4.227	-0.242	0.002
	6—10 年	>11 年	4.100	4.227	-0.127	0.126

续表

检验变量	组别(I)	组别(J)	平均值(I)	平均值(J)	差值(I-J)	p
竞技体能教练专业知识与能力	<5年	6—10年	3.671	3.862	-0.192	0.003
	<5年	>11年	3.671	4.159	-0.488	0.000
	6—10年	>11年	3.862	4.159	-0.297	0.001
竞技体能教练沟通与合作能力	<5年	6—10年	3.852	3.997	-0.144	0.011
	<5年	>11年	3.852	4.265	-0.413	0.000
	6—10年	>11年	3.997	4.265	-0.269	0.001
竞技体能教练自主发展能力	<5年	6—10年	3.746	3.854	-0.109	0.095
	<5年	>11年	3.746	4.198	-0.453	0.000
	6—10年	>11年	3.854	4.198	-0.344	0.000
竞技体能教练核心素养	<5年	6—10年	3.792	3.936	-0.144	0.008
	<5年	>11年	3.792	4.206	-0.414	0.000
	6—10年	>11年	3.936	4.206	-0.270	0.001

进一步分析,采用单因素方差检验不同执教时间的我国竞技体能教练在核心素养量表子因素上是否存在水平差异。由表6.16可知,不同执教时间的我国竞技体能教练核心素养在各子因素上存在显著差异($p<0.01$),由此表示不同执教时间的竞技体能教练在竞技体能教练职业道德,竞技体能教练职业认同,竞技体能教练职业精神,体能训练专业知识,体能训练计划设计与实施能力,体能训练测试、监控与评估能力,体能训练实操能力,体能训练运动损伤预防能力,竞技体能教练沟通交流能力,竞技体能教练团队合作能力,体能训练科研能力,体能训练创新能力,竞技体能教练持续学习能力和竞技体能教练批判性反思能力的水平上存在显著差异。为了进一步探究哪些配对组之间差异达到显著,采用HSD法进行事后比较检验。由表6.17可知,在6—10年、11年以上的执教时间组样本在子因素除了竞技体能教练职业道德、竞技体能教练职业精神、体能训练科研能力、体能训练创新能力和竞技体能教练持续学习能力外,其他子因素得分的平均数均显著高于执教时间5年以下组样本的得分平均数;在11年以上的执教时间组样本在竞技体能教练职业道德,体能训练专业知识,体能训练测试、监控与评估能力,体能训练实操能力,

体能训练运动损伤预防能力,竞技体能教练沟通交流能力,竞技体能教练团队合作能力,体能训练科研能力,体能训练创新能力,竞技体能教练持续学习能力,竞技体能教练批判性反思能力得分的平均数显著高于6—10年执教时间组样本的得分平均数。

表6.16 竞技体能教练核心素养执教时间差异方差分析结果(子因素)(n=328)

检验变量	差异	平方和	自由度	均方	F	p值	Cohen's f值
竞技体能教练职业道德	组间	2.731	2	1.366	5.166	0.006	0.178
竞技体能教练职业认同	组间	3.258	2	1.629	5.741	0.004	0.188
竞技体能教练职业精神	组间	2.025	2	1.012	3.394	0.035	0.145
体能训练专业知识	组间	10.878	2	5.439	12.579	0.000	0.278
体能训练计划设计与实施能力	组间	7.414	2	3.707	10.693	0.000	0.257
体能训练测试、监控与评估能力	组间	10.743	2	5.372	14.057	0.000	0.294
体能训练实操能力	组间	9.239	2	4.619	15.823	0.000	0.312
体能训练运动损伤预防能力	组间	9.398	2	4.699	11.038	0.000	0.261
竞技体能教练沟通交流能力	组间	6.741	2	3.370	15.493	0.000	0.309
竞技体能教练团队合作能力	组间	5.810	2	2.905	9.046	0.000	0.236
体能训练科研能力	组间	8.135	2	4.067	10.933	0.000	0.259
体能训练创新能力	组间	6.096	2	3.048	8.482	0.000	0.228
竞技体能教练持续学习能力	组间	6.741	2	3.370	10.369	0.000	0.253
竞技体能教练批判性反思能力	组间	8.642	2	4.321	11.766	0.000	0.269

表6.17 竞技体能教练核心素养执教时间差异方差分析事后检验结果(子因素)(n=328)

检验变量	组别(I)	组别(J)	平均值(I)	平均值(J)	差值(I-J)	p
竞技体能教练职业道德	<5年	6—10年	4.004	4.056	-0.052	0.421
	<5年	>11年	4.004	4.280	-0.277	0.001
	6—10年	>11年	4.056	4.280	-0.225	0.017

续表

检验变量	组别(I)	组别(J)	平均值(I)	平均值(J)	差值(I-J)	p
竞技体能教练职业认同	<5年	6—10年	3.989	4.184	-0.195	0.004
	<5年	≥11年	3.989	4.205	-0.215	0.016
	6—10年	≥11年	4.184	4.205	-0.021	0.833
竞技体能教练职业精神	<5年	6—10年	3.952	4.042	-0.090	0.192
	<5年	≥11年	3.952	4.182	-0.230	0.013
	6—10年	≥11年	4.042	4.182	-0.140	0.160
体能训练专业知识	<5年	6—10年	3.582	3.760	-0.178	0.032
	<5年	≥11年	3.582	4.125	-0.543	0.000
	6—10年	≥11年	3.760	4.125	-0.365	0.003
体能训练计划设计与实施能力	<5年	6—10年	3.780	4.003	-0.223	0.003
	<5年	≥11年	3.780	4.189	-0.409	0.000
	6—10年	≥11年	4.003	4.189	-0.186	0.084
体能训练测试、监控与评估能力	<5年	6—10年	3.694	3.917	-0.223	0.004
	<5年	≥11年	3.694	4.216	-0.522	0.000
	6—10年	≥11年	3.917	4.216	-0.299	0.008
体能训练实践操作能力	<5年	6—10年	3.657	3.813	-0.156	0.022
	<5年	≥11年	3.657	4.159	-0.502	0.000
	6—10年	≥11年	3.813	4.159	-0.347	0.000
体能训练运动损伤预防能力	<5年	6—10年	3.598	3.797	-0.198	0.016
	<5年	≥11年	3.598	4.091	-0.493	0.000
	6—10年	≥11年	3.797	4.091	-0.294	0.014
竞技体能教练沟通交流能力	<5年	6—10年	3.840	3.970	-0.131	0.026
	<5年	≥11年	3.840	4.269	-0.429	0.000
	6—10年	≥11年	3.970	4.269	-0.298	0.001
竞技体能教练团队合作能力	<5年	6—10年	3.878	4.049	-0.171	0.017
	<5年	≥11年	3.878	4.258	-0.380	0.000
	6—10年	≥11年	4.049	4.258	-0.209	0.044

续表

检验变量	组别(I)	组别(J)	平均值(I)	平均值(J)	差值(I-J)	p
体能训练科研能力	<5 年	6—10 年	3.727	3.823	-0.096	0.211
	<5 年	>11 年	3.727	4.205	-0.478	0.000
	6—10 年	>11 年	3.823	4.205	-0.382	0.001
体能训练创新能力	<5 年	6—10 年	3.787	3.807	-0.020	0.790
	<5 年	>11 年	3.787	4.193	-0.406	0.000
	6—10 年	>11 年	3.807	4.193	-0.386	0.000
竞技体能教练持续学习能力	<5 年	6—10 年	3.727	3.844	-0.117	0.103
	<5 年	>11 年	3.727	4.159	-0.432	0.000
	6—10 年	>11 年	3.844	4.159	-0.315	0.003
竞技体能教练批判性反思能力	<5 年	6—10 年	3.755	3.927	-0.172	0.025
	<5 年	>11 年	3.755	4.235	-0.480	0.000
	6—10 年	>11 年	3.927	4.235	-0.308	0.006

最后,对竞技体能教练核心素养总量表在执教时间上的差异进行统计功效检验,以规避Ⅱ型错误对结果的影响。经检验,本研究最终的统计功效为0.999,表明本次统计犯Ⅱ型错误的概率不到1%,具体见图6.3。

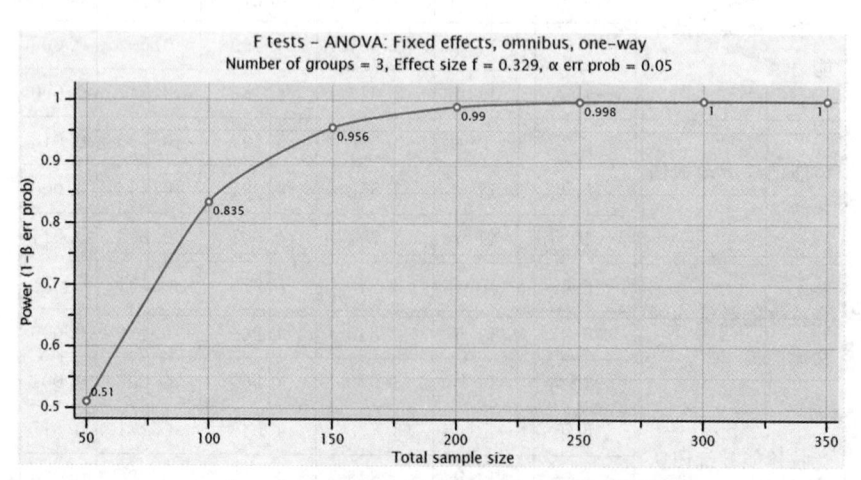

图 6.3 竞技体能教练核心素养执教时间差异单因素方差分析统计功效检验结果

6.2.5 竞技体能教练核心素养的执教类型差异分析

本研究中,体能训练的服务对象为国家队运动员的体能教练称之为国家队体能教练,服务对象为省专业队运动员的体能教练称之为省队体能教练,服务对象为职业队运动员的体能教练称之为职业队体能教练。

我国不同执教类型的体能教练在核心素养 4 个初阶因素分量表和总量表得分的描述性统计结果见表 6.18,子因素得分的描述性统计结果见表 6.19。各因素的均值关于执教类型的变化情况,显示国家队体能教练在专业知识与能力维度、沟通与合作能力维度上和核心素养总量表上得分最高,职业队体能教练在职业信念维度和自主发展能力维度上得分最高,省队体能教练在总量表和 4 个维度上得分最低。子因素的均值关于执教类型的得分变化情况,显示国家队的体能教练在职业道德,职业精神,体能训练专业知识,体能训练计划设计与实施能力,体能训练测试、监控与评估能力,体能训练实操能力,体能训练运动损伤预防能力,沟通交流能力,团队合作能力,持续学习能力和批判性反思能力上得分最高,职业队的体能教练在体能训练科研能力和体能训练创新能力上得分最高,省队的体能教练在因素得分上均低于国家队和职业队的体能教练。

表 6.18 不同执教类型竞技体能教练核心素养水平的描述性统计量(n=328)

检验变量	平均值±标准差		
	国家队体能教练 (n=146)	职业队体能教练 (n=60)	省队体能教练 (n=122)
竞技体能教练职业信念	4.07±0.38	4.11±0.56	4.00±0.49
竞技体能教练专业知识与能力	3.87±0.51	3.78±0.55	3.70±0.54
竞技体能教练沟通与合作能力	4.00±0.44	3.99±0.50	3.86±0.47
竞技体能教练自主发展能力	3.87±0.53	3.91±0.52	3.76±0.55
竞技体能教练核心素养	3.94±0.42	3.93±0.48	3.81±0.46

表 6.19 不同执教类型体能教练核心素养水平的
描述性统计量(子因素)(n＝328)

检验变量	平均值±标准差		
	国家队体能教练 (n＝146)	职业队体能教练 (n＝60)	省队体能教练 (n＝122)
竞技体能教练职业道德	4.10±0.54	4.05±0.56	4.01±0.50
竞技体能教练职业认同	4.11±0.57	4.11±0.60	3.91±0.49
竞技体能教练职业精神	4.06±0.52	4.00±0.68	3.97±0.37
体能训练专业知识	3.89±0.59	3.83±0.65	3.67±0.52
体能训练计划设计与实施能力	3.86±0.52	3.71±0.60	3.58±0.43
体能训练测试、监控与评估能力	3.97±0.48	3.92±0.52	3.83±0.37
体能训练实操能力	4.10±0.52	4.08±0.58	3.94±0.49
体能训练运动损伤预防能力	3.88±0.55	3.83±0.57	3.65±0.47
竞技体能教练沟通交流能力	3.94±0.57	3.85±0.55	3.70±0.55
竞技体能教练团队合作能力	4.00±0.54	3.96±0.49	3.78±0.47
体能训练科研能力	3.99±0.60	4.04±0.58	3.90±0.61
体能训练创新能力	3.98±0.55	3.99±0.60	3.86±0.52
竞技体能教练持续学习能力	3.84±0.59	3.75±0.55	3.60±0.47
竞技体能教练批判性反思能力	3.97±0.57	3.92±0.51	3.73±0.40

采用单因素方差分析方法检验我国竞技体能教练核心素养总量表及其维度上的得分是否存在执教类型差异,结果如表6.20,发现不同执教类型的竞技体能教练核心素养总量表及竞技体能教练专业知识与能力、竞技体能教练沟通与合作能力维度上得分存在统计显著性差异($p<0.05$),由此表示不同执教类型的竞技体能教练在核心素养整体水平和专业知识与能力、沟通与合作能力维度水平上存在显著差异。为了进一步探究哪些配对组之间差异达到显著,采用HSD法进行事后比较检验,结果见表6.21,在竞技体能教练核心素养总量表、竞技体能教练专业知识与能力和竞技体能教练沟通与合作能力维度上,国家队体能教练得分显著高于省队体能教练的得分;除此之外,不同执教类型的竞技

6 我国竞技体能教练核心素养的群体差异研究

体能教练总量表及其维度上没有显著差异。

表 6.20 竞技体能教练核心素养执教类型
差异方差分析结果(n=328)

检验变量	差异	平方和	自由度	均方	F	p值	Cohen's f 值
竞技体能教练职业信念	组间	0.658	2	0.329	1.547	0.214	0.098
竞技体能教练专业知识与能力	组间	1.964	2	0.982	3.544	0.030	0.188
竞技体能教练沟通与合作能力	组间	1.456	2	0.728	3.380	0.035	0.184
竞技体能教练自主发展能力	组间	1.312	2	0.656	2.293	0.103	0.139
竞技体能教练核心素养	组间	1.241	2	0.620	3.132	0.045	0.179

表 6.21 竞技体能教练核心素养的地区差异
方差分析事后检验结果(n=328)

检验变量	组别(I)	组别(J)	平均值(I)	平均值(J)	差值(I-J)	p
竞技体能教练专业知识与能力	1.0	2.0	3.874	3.777	0.097	0.232
	1.0	3.0	3.874	3.702	0.171	0.008
	2.0	3.0	3.777	3.702	0.075	0.370
竞技体能教练沟通与合作能力	1.0	2.0	4.004	3.994	0.009	0.895
	1.0	3.0	4.004	3.863	0.140	0.014
	2.0	3.0	3.994	3.863	0.131	0.074
竞技体能教练核心素养	1.0	2.0	3.941	3.927	0.014	0.835
	1.0	3.0	3.941	3.810	0.131	0.017
	2.0	3.0	3.927	3.810	0.117	0.097

备注：组别1.0表示国家队体能教练，2.0表示职业队体能教练，3.0表示省队体能教练

进一步分析，采用单因素方差分析检验不同执教类型的我国竞技体能教练在核心素养量表子因素上是否存在水平差异，结果如表6.22，发现不同执教类型的我国竞技体能教练核心素养在子因素体能训练计划设计与实施能力、体能训练运动损伤预防能力上存在显著差异（p<

0.05）。为了进一步探究哪些配对组之间差异达到显著,采用HSD法进行事后比较检验,结果见表6.23,在体能训练计划设计与实施能力和体能训练运动损伤预防能力上,国家队体能教练的得分显著高于省队体能教练得分。

表6.22 竞技体能教练核心素养执教类型差异方差分析结果(子因素)(n=328)

检验变量	差异	平方和	自由度	均方	F	p值	Cohen's f值
竞技体能教练职业道德	组间	0.463	2	0.232	0.854	0.427	0.072
竞技体能教练职业认同	组间	0.895	2	0.447	1.538	0.216	0.097
竞技体能教练职业精神	组间	1.688	2	0.844	2.819	0.061	0.132
体能训练专业知识	组间	2.479	2	1.240	2.705	0.068	0.129
体能训练计划设计与实施能力	组间	2.631	2	1.315	3.640	0.027	0.150
体能训练测试、监控与评估能力	组间	0.943	2	0.471	2.065	0.128	0.115
体能训练实操能力	组间	1.752	2	0.876	2.138	0.120	0.112
体能训练运动损伤预防能力	组间	4.416	2	2.208	5.007	0.007	0.176
竞技体能教练沟通交流能力	组间	1.401	2	0.700	2.994	0.051	0.136
竞技体能教练团队合作能力	组间	1.801	2	0.900	2.700	0.069	0.129
体能训练科研能力	组间	0.589	2	0.294	0.744	0.476	0.068
体能训练创新能力	组间	1.293	2	0.646	1.728	0.179	0.103
竞技体能教练持续学习能力	组间	2.040	2	1.020	3.004	0.051	0.136
竞技体能教练批判性反思能力	组间	1.701	2	0.851	2.189	0.114	0.116

表6.23 竞技体能教练核心素养执教类型差异方差分析事后检验结果(子因素)(n=328)

检验变量	组别(I)	组别(J)	平均值(I)	平均值(J)	差值(I-J)	p
体能训练计划设计与实施能力	1.0	2.0	3.973	3.961	0.011	0.901
	1.0	3.0	3.973	3.784	0.188	0.011
	2.0	3.0	3.961	3.784	0.177	0.063

续表

检验变量	组别(I)	组别(J)	平均值(I)	平均值(J)	差值(I-J)	p
体能训练运动损伤预防能力	1.0	2.0	3.846	3.692	0.154	0.131
	1.0	3.0	3.846	3.590	0.256	0.002
	2.0	3.0	3.692	3.590	0.102	0.333

备注:组别1.0表示国家队体能教练,2.0表示职业队体能教练,3.0表示省队体能教练

最后,对竞技体能教练核心素养总量表在执教类型上的差异统计功效进行了检验,以规避Ⅱ型错误对结果的影响。经检验,本次的统计功效为0.832,符合统计功效最低0.80的标准,具体见图6.4。

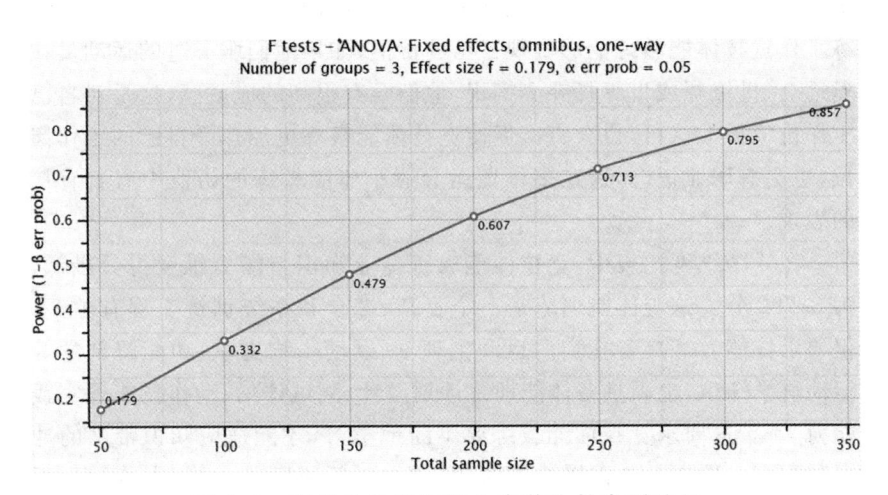

图6.4 竞技体能教练核心素养执教类型差异单因素方差分析统计功效检验结果

6.3 讨论

6.3.1 我国竞技体能教练核心素养整体与各维度得分分析

在Likert五点量表中,一般以3分为高低分的分界线,4分较高分,

5分为高分。我国竞技体能教练核心素养在总量表得分为3.890分,低于4分,说明我国竞技体能教练核心素养整体得分水平不高,这与我国竞技体能教练实际情况比较符合。从竞技体能教练核心素养的4个维度(竞技体能教练职业信念、竞技体能教练专业知识与能力、竞技体能教练沟通与合作能力、竞技体能教练自主发展能力)看,各维度得分均不同,其中"竞技体能教练职业信念"维度得分最高,为4.051分,唯一超过4分的维度,达到较高水平。这表明在我国竞技体能教练认为,相比较专业知识与能力、沟通与合作能力和自主发展能力,职业信念更为重要。竞技体能教练职业信念包括竞技体能教练职业道德、竞技体能教练职业认同和竞技体能教练职业精神,是竞技体能教练核心素养其他维度的发展基础,也是在训练中践行"以运动员为本"和"立德树人"核心理念的关键。这与竞技体能教练对体能训练工作的认可有很大关系,通过体能训练工作竞技体能教练能够实现自己的价值,如果他们服务过的运动员在奥运会、世锦赛或世界杯夺金摘银,他们会有很高的成就感,这是对自己工作价值最大认可,也会直接促使竞技体能教练更加热爱自己的工作岗位,也更有职业信念,这在多位奥运会冠军体能教练的访谈中有着直接的表现。

在4个维度比较中,竞技体能教练专业知识与能力维度得分最低,为3.792分。这与体能训练是一个复杂、综合和系统训练工程有关,不仅要求体能教练具备扎实的运动生理学、运动生物力学、功能解剖学等运动科学知识,也须具备体能训练计划设计、测试评估、动作技能等实践能力[219]。这要求竞技体能教练要不断地学习,才能适应知识带来的冲击和改变。现在是知识爆炸的时代,知识更新速度非常快,人若一天不学习,就可能被社会淘汰。但是,由于体能训练工作的特殊性、长期性和封闭性,竞技体能教练没有多少时间学习新的知识和技能,这是导致我国竞技体能教练在专业知识与能力维度得分最低的主要原因。

总之,通过对我国竞技体能教练核心素养整体与各维度水平的分析,对制定提升我国竞技体能教练核心素养水平发展路径,具有重要的参考意义。

6.3.2 我国竞技体能教练核心素养的性别差异

竞技体能教练核心素养的性别差异检验发现,在竞技体能教练核心素养量表总分和各维度得分上,男性竞技体能教练的核心素养水平均显著高于女性体能教练,性别差异的统计功效为 0.94。由此可知,我国竞技体能教练核心素养水平确实存在非常显著的性别差异($p<0.01$),相对于女性竞技体能教练而言,男性竞技体能教练核心素养水平更高,这与竞技体能教练的职业特性有关,要求竞技体能教练能够长期跟队,这一结果在国外相似研究中得到了验证[220]。这对女性竞技体能教练来说是一个非常大的挑战,她们的时间和精力会被家庭和孩子牵绊,很难做到工作与家庭的平衡。这不仅是造成我国女性竞技体能教练偏少的主要原因,也是造成我国女性竞技体能教练核心素养水平整体偏低的根本原因。这一结果与其他相关研究结果一致,如胡中晓和王砾等人研究指出,女性教师因为家庭生活的原因,影响了她们核心素养的发展,其核心素养水平要低于男性[221-222]。具体而言,在竞技体能教练职业信念方面,男性的水平高于女性,这与男性竞技体能教练有更多时间和精力投入体能训练工作中有关;在竞技体能教练专业知识与能力方面,男性水平高于女性,这与体能训练的本质有很大关系,需要竞技体能教练具备较高的动作技能,这恰恰是女性竞技体能教练最不擅长的地方;在竞技体能教练沟通与合作能力方面,男性高于女性,这可能与男性竞技体能教练性格更加随和和开放有关;在竞技体能教练自主发展能力方面,男性水平高于女性,不仅与女性竞技体能教练投入时间和精力少有很大关系,也与男性竞技体能教练有更多成就动机有很大关系。

6.3.3 我国竞技体能教练核心素养的学历差异

通过对样本的学历分组进行单因素方差分析可知,竞技体能教练核心素养总量表和在竞技体能教练专业知识与能力、竞技体能教练沟通与合作能力和竞技体能教练自主发展能力维度上得分具有统计学上的显著差异。

具体来说,在竞技体能教练核心素养总量表上,具有硕士和博士学历的竞技体能教练在各题项的平均分显著高于本科学历的竞技体能教练,具有博士学位的竞技体能教练在各题项的平均分显著高于硕士学历的竞技体能教练。这说明竞技体能教练在核心素养各因素的单题平均分,随着被试学历的提升,都呈现上升的趋势,这与张夏雨[223]等人的相关研究结果一致。这说明竞技体能教练的学历越高,其核心素养水平越高,是比较符合竞技体能教练的现实情况和发展趋势,不管在国内还是国外,知名的专家型体能教练一般都具有博士学位。体能训练的专业性和科学性,决定了竞技体能教练不仅是具备训练指导能力,还要具备其他的多种能力,如科研能力、创新能力、数据分析能力等,这要求竞技体能教练具备较强的学习能力和创新思维能力。学历本身就是一种能力的象征,一般来说教练学历越高,其文化水平和业务能力就越强,也就越能培养出优秀的运动员[224-225]。这很好地印证了竞技体能教练学历越高,其核心素养水平越高的结论。

在竞技体能教练专业知识与能力、竞技体能教练沟通与合作能力、竞技体能教练自主发展能力维度上,硕士和博士群体得分显著高于本科群体,博士群体的得分显著高于硕士群体,这也说明随着学历的提升,竞技体能教练的核心素养水平也随着提升。中国的高等学历教育分为本科、硕士和博士3个层次,3个层次的教育是递进关系,就像金字塔一样,塔底是本科教育、塔中是硕士教育、塔尖是博士教育,由此可知博士相对于本科和硕士的综合素养更高。例如,在本科阶段学生学习体能训练以基本动作技术和基本技能为主,缺少实践锻炼的机会,缺少自我认知,缺少科研能力、创新能力等方面的培养,使得他们在专业能力、科研能力、创新能力、学习能力和反思能力等方面还有待提高,从而导致他们核心素养水平偏低。在现实的情况中我们也可以清晰地看到,一些本科学历竞技体能教练,为了提升自己的执教能力,选择继续深造以进一步提升自己的学历。另外,近几年国家队、省队或者职业俱乐部在招聘体能教练时,大多明确要求应聘者必须具备研究生及以上学历,这说明竞技体能教练职业对高学历需求是基于现实需要的,对竞技体能教练的素养要求也较高[226]。由此可以看出,学历不仅是竞技体能教练执教的重要载体[227],也是竞技体能教练核心素养水平高低的重要体现。

6.3.4 我国竞技体能教练核心素养的执教时间差异

通过对样本的执教时间分组进行单因素方差分析可知,竞技体能教练核心素养总量表和4个维度(竞技体能教练职业信念、竞技体能教练专业知识与能力、竞技体能教练沟通与合作能力和竞技体能教练自主发展能力)上得分具有统计学上的显著差异。从总量表和各维度看,不同执教时间组别均存在统计学差异,具体表现为11年以上＞6—10年＞5年以下的,执教时间越长,其核心素养水平越高。这与体能训练的工作内容有关,体能训练不仅是对运动员简单地执行训练计划,还要关注运动员的心理变化、状态调控、负荷监控、伤病预防等,这些都需要竞技体能教练花大量时间学习和实践,才能熟练掌握和运用。由此可知,竞技体能教练执教时间越长,其执教经历就越丰富,各方面能力就会越好,其核心素养水平也会不断地提升。这一研究结果与已有研究结果相一致。Yong B W和Jemcxyk K等人研究指出,执教年限对教练执教技能获得有着重要影响[228]。章崇会认为,新手教练要想成为高水平教练,一般需要10年左右的时间[229];Gilbert、Côté和Mallett等人认为,一个教练要想成为一名优秀教练员必须要有不少于13年的实践经验[230]。美国体能协会认为,要想成为一名合格的体能教练一般需要6—8年的实践时间。由此可知,执教时间对竞技体能教练专业成长和核心素养提升有着非常重要的作用。

6.3.5 我国竞技体能教练核心素养的执教类型差异

通过对样本的执教类型分组进行单因素方差分析可知,在竞技体能教练核心素养总量表和竞技体能教练专业知识与能力、竞技体能教练沟通与合作能力维度上得分具有统计学上的显著差异。竞技体能教练核心素养执教类型统计学显著差异主要体现在国家队和省队体能教练的差异。具体来说,不管在体能教练核心素养整体水平上,还是在各维度上,国家队体能教练的得分均要高于省队体能教练。毕竟,省队体能教练代表的是一个省的最高体能训练水平,国家队体能教练代表的是一个国家的最高体能训练水平,相比较而言国家队的体能教练拥有更科学的体能训练方法和更先进的体能训练理念。

首先,从竞技体能教练来源看,省队体能教练大多是运动员退役后直接从事体能训练工作,他们拥有丰富的专项运动训练实践经验,但是文化水平和专业理论水平等较低。而体能训练是架起理论与实践的桥梁,要求竞技体能教练不仅要有出色的实践操作能力,也需要扎实的专业理论水平。国家队体能教练来源就比较多元化,既有运动员退役后到体育院校学习后再进行执教,他们运动训练实践经验和专业理论知识都比较扎实;也有在体育院校和体育科研所长期担任体能训练研究的教师和研究员,他们有丰富体能训练实操经验和专业理论知识。其次,有些省队体能教练因业务能力出色,所训练运动员在奥运会或世锦赛等国际重大赛事获得优异成绩,这些体能教练往往也会被征调去国家队,这也导致省队体能教练整体素养水平有所降低。第三,从体能教练拥有的资源来看,国家队体能教练不管在薪酬、奖励、社会地位,还是在出国学习和继续教育等方面,他们比省队的体能教练拥有的机会和资源要多,例如国家体育总局会优先派出国家队的体能教练到美国、澳大利亚、英国等体能训练强国进行交流和学习,省队的体能教练很少会有这样交流和学习的机会。

6.4　小结

(1)我国竞技体能教练核心素养水平整体不高,仅为3.890分,未达到较高分(4分)的标准;在维度上只有竞技体能教练职业信念处于较高水平(4.051分),其他3个维度都在4分以下,其中竞技体能教练专业知识与能力维度得分最低,仅为3.792分,说明我国竞技体能教练核心素养水平有待提高。

(2)竞技体能教练核心素养在性别变量上存在显著差异,在竞技体能教练职业信念、竞技体能教练专业知识与能力、竞技体能教练沟通与合作能力和竞技体能教练自主发展能力维度上也存在显著差异。整体而言,男性竞技体能教练核心素养水平要高于女性竞技体能教练。

(3)竞技体能教练核心素养在学历变量上存在显著差异,在竞技体能教练专业知识与能力、竞技体能教练沟通与合作能力和竞技体能教练自主发展能力维度上也存在显著差异。整体而言,博士学历竞技体能教练核心素养水平要高于硕士学历,硕士学历竞技体能教练核心素养水平要高于本科学历。

(4)竞技体能教练核心素养在执教时间变量上存在显著差异,在竞技体能教练职业信念、竞技体能教练专业知识与能力、竞技体能教练沟通与合作能力和竞技体能教练自主发展能力维度上也存在显著差异。整体而言,执教时间 11 年以上的竞技体能教练核心素养水平要高于执教时间 6—10 年的竞技体能教练,执教时间 6—10 年的竞技体能教练核心素养水平要高于执教时间 5 年以下的竞技体能教练。

(5)竞技体能教练核心素养在执教类型变量上存在显著差异,在竞技体能教练专业知识与能力维度、竞技体能教练沟通与合作能力维度上也存在显著差异,整体而言,国家队和职业队的体能教练核心素养水平要高于省队的体能教练。

7 我国竞技体能教练核心素养的影响因素研究

影响因素研究是某一主题逐渐深入的标志。影响因素是改变人的行为和思想的内在和外在原因[231]。随着研究工作的深入,我们提出了一个问题:哪些因素会影响竞技体能教练核心素养?目前关于核心素养的研究很多,但多关注于核心素养发展策略研究,对核心素养的影响研究还比较少。虽然有些研究涉及了核心素养的影响因素,大多是理论分析,缺乏实证。学术界对影响因素分析大多是采用科学统计方法进行实证研究,较少采用理论分析。因此,本研究采用结构方程模型整体拟合竞技体能教练职业环境、成就动机与竞技体能教练核心素养之间的直接和间接关系,以探讨竞技体能教练核心素养的影响机制,为我国竞技体能教练核心素养的培育提供实证依据。

7.1 研究假设

一般来说,影响一个人或群体的发展的因素很多,归纳起来包括两大因素:一是客观因素,即环境因素;二是主观因素,即心理因素。同样,影响竞技体能教练核心素养发展的因素很多,概括起来主要包括两大因素:一是竞技体能教练职业环境因素;二是竞技体能教练心理因素。

环境是人身心发展的外部客观条件,为人的身心发展提供了可能性与限制,直接影响着人的主观能动性发挥。有研究指出,教练所处职业环境对其发展有着至关重要的作用。目前,我们竞技体能教练的整体核心素养水平还不高,这与竞技体能教练所处的职业环境有很大的关系。在国外竞技体能教练已发展成为一个专门职业,有着清晰和明确的职业发展平台和环境。在我国竞技体能教练处于"三无"(无岗位、无编制、无认证)的尴尬境遇,在竞技体能教练专业可持续发展方面没有形成良好的发展机制。这不仅是我国竞技体能教练专业发展的根本阻碍,也是导致我国竞技体能教练核心素养发展的主要障碍。由此可知,竞技体能教练职业环境是影响竞技体能教练核心素养的一个重要变量。因此,本研究提出研究假设 H_1:竞技体能教练职业环境能够正向预测竞技体能教练核心素养。

Barton 和 A. J. Fendrik 研究指出,个人心理因素的表现对人的行为和发展起着重要作用。就竞技体能教练个人心理方面因素而言,访谈中专家多次提到作为一名高水平竞技体能教练不仅要有吃苦耐劳的精神,更重要的是要有强烈的成就感。高成就感可以促进体能教练不断地精益求精和追求卓越,以获得更大的成就。高水平竞技体能教练一般具有高成就感,即他们有很强的成就动机,他们希望自己训练的运动员能在奥运会、世锦赛或其他重要赛事取得好成绩。这不仅是运动员的成绩,也是竞技体能教练的成绩。这会让竞技体能教练的内心产生一种强烈的成就感,也会成为他们工作中不断超越自己的直接动力。由此可知,成就动机是高水平竞技体能教练的一个重要的心理特征,这与国内教练胜任特征研究的结论相一致[233],成就动机可能是影响竞技体能教练核心素养非常重要的一个心理因素。因此,本研究提出研究假设 H_2:成就动机能够正向预测竞技体能教练核心素养。

研究指出,成就动机是促进个人活动的心理和内在的动机,它不仅受到个人内部因素影响,也受到外部环境因素的影响[234]。在同样的环境条件下,成就动机强的人,更能获得成功。因此,本研究提出研究假设 H_3:竞技体能教练职业环境能够正向预测竞技体能教练成就动机。同时,本研究根据现有的理论,探讨成就动机在体能教练职业环境与体能教练核心素养之间的中介效应和影响机制。因此,本研究提出研究假设 H_4:成就动机在竞技体能教练职业环境和竞技体能教练核心素养之间起中介作用。

7.2 研究方法

7.2.1 研究被试

本部分研究对象与第 6 部分研究对象是一致的。

7.2.2 测量工具

7.2.2.1 竞技体能教练核心素养量表

采用自编的《竞技体能教练核心素养量表》,该量表包括 4 个维度:竞技体能教练职业信念、竞技体能教练专业知识与能力、竞技体能教练沟通与合作能力和竞技体能教练自主发展能力,总共包括 41 个题项,具体见附录 D。

7.2.2.2 竞技体能教练职业环境量表

通过对访谈资料和相关文献分析可知,一个普通的竞技体能教练成长为高水平竞技体能教练是一个长期和系统的过程,影响竞技体能教练职业发展和核心素养提升的因素很多,而关键性影响变量是竞技体能教练职业环境。通过对访谈资料和相关文献分析可知,竞技体能教练职业环境是一个多因素结构和综合性概念,与竞技体能教练的团队环境、管理制度、队伍支持、继续教育等影响因素密切相关。因此,为了使竞技体能教练职业环境具有可操作性,根据访谈资料和相关文献的分析,编制了《我国竞技体能教练职业环境量表》,该量表总共 9 个题项,具体题项见附录 E。

7.2.2.3 成就动机量表

成就动机量表采用的是国内学者张鼎昆在其他研究者的基础上,专门修订的适合中国人的成就动机量表,来测量中国人的成就动机。该量表包括超越动机和成就动机两个维度,所谓超越动机表示追求卓越和高成就;掌握动机主要表示注重自我挑战和内在兴趣。该量表总共包括12个题项,每个维度6个题项,具体题项见附录E。

7.3 统计方法

本研究采用Spss22.0进行数据处理,主要包括探索性因素分析、验证性因素分析、共同方差检验等统计;采用结构方程模型AMOS24.0整体拟合竞技体能教练职业环境、成就动机与竞技体能教练核心素养的直接和间接关系进行检验。

7.4 结果与分析

7.4.1 竞技体能教练核心素养量表质量分析

竞技体能教练核心素养量表是由本研究第5部分编制而成,经检验该量表具有较高的信效度,一般可以直接作为竞技体能教练核心素养评价的有效测量工具,只需对收集的数据进行再次信效度分析即可。本研究采用同质性信度分析法中的克伦巴赫信度系数(Cronbach's alpha)对竞技体能教练核心素养量表进行信度检验。经检验,竞技体能教练核心素养量表的信度系数为0.965,根据信度指标判断标准(0.90以上为非常理想,0.80~0.90为理想),说明竞技体能教练核心素养量表具有很好的信度。同时,由本研究第5部分可知,竞技体能教练核心素养量表是一个二阶四因素模型,因而本部分研究对收集的数据进行二阶的验证性因素分析,经检验模型拟合的结果为:GFI=0.933,RMSEA=0.073,SRMA=0.032,CFI=0.965,NFI=0.946,上述指标均达到模型拟合的标准,说明竞技体能教练核心素养量表具有较好的结构效度。由此可知,竞技体能教练核心素养量表具有较好的信效度。

7.4.2 成就动机量表质量分析

7.4.2.1 成就动机量表的信效度分析

成就动机量表虽然是一个比较成熟的量表,但是第一次运用于竞技体能教练的调查,因此有必要对该量表的信效度进行分析。将成就动机收集来的数据进行奇偶分半,对奇数的成就动机量表进行信效度检验。

采用同质性信度分析法中的克伦巴赫信度系数(Cronbach's alpha)对成就动机量表进行信度检验。经检验,成就动机量表的信度系数为0.883,根据信度指标判断标准(0.90以上为非常理想,0.80~0.90为理想),说明成就动机量表具有较好的信度。

通过Bartlett球形度检验,成就动机量表KMO=0.841,$\chi2$=1027.777,df=66,p=0.00,表明调查的数据适合进行探索性因子分析。对成就动机量表进行探索性因子分析,经主成分分析加最大方差进行正交旋转,共有2个因子的初始特征值大于1,累计解释量为62.247%,超过了最低50%的要求,完全能够满足研究需要,后面成分的特征值贡献很小,可以忽略,具体结果见表7.1。根据因子分析对因子负荷的要求,经旋转后成就动机量表的2个因子下的负荷均大于0.45,且共同度均大于0.4,通过效度检验,都应予以保留,具体结果见表7.2。通过上述分析,结合碎石图(图7.1),成就动机量表因子数确定为2个是合适的。因子1是有关超越动机维度的选题,将因子1命名为超越动机;因子2是有关掌握动机维度的选题,将因子2命名为掌握动机。

7 我国竞技体能教练核心素养的影响因素研究

表7.1 成就动机公共因子的特征值和贡献率（n=164）

成分	特征根			旋转前方差解释率			旋转后方差解释率		
	特征根	方差解释率%	累积%	特征根	方差解释率%	累积%	特征根	方差解释率%	累积%
1	5.315	44.292	44.292	5.315	44.292	44.292	3.881	32.343	32.343
2	2.155	17.955	62.247	2.155	17.955	62.247	3.589	29.904	62.247
3	0.787	6.562	68.809	—	—	—	—	—	—
4	0.726	6.052	74.861	—	—	—	—	—	—
5	0.584	4.868	79.729	—	—	—	—	—	—
6	0.564	4.701	84.431	—	—	—	—	—	—
7	0.410	3.420	87.851	—	—	—	—	—	—
8	0.389	3.243	91.095	—	—	—	—	—	—
9	0.336	2.799	93.894	—	—	—	—	—	—
10	0.296	2.463	96.357	—	—	—	—	—	—
11	0.273	2.273	98.630	—	—	—	—	—	—
12	0.164	1.370	100.000	—	—	—	—	—	—

表7.2 成就动机旋转后矩阵（n=164）

题项	因子载荷系数		共同度（公因子方差）
	因子1	因子2	
1	0.657		0.473
2	0.779		0.618
3	0.784		0.638
4	0.852		0.728
5	0.742		0.605
6	0.713		0.537
7		0.707	0.588
8		0.636	0.671

续表

题项	因子载荷系数		共同度(公因子方差)
	因子1	因子2	
9		0.725	0.579
10		0.797	0.644
11		0.880	0.774
12		0.766	0.613

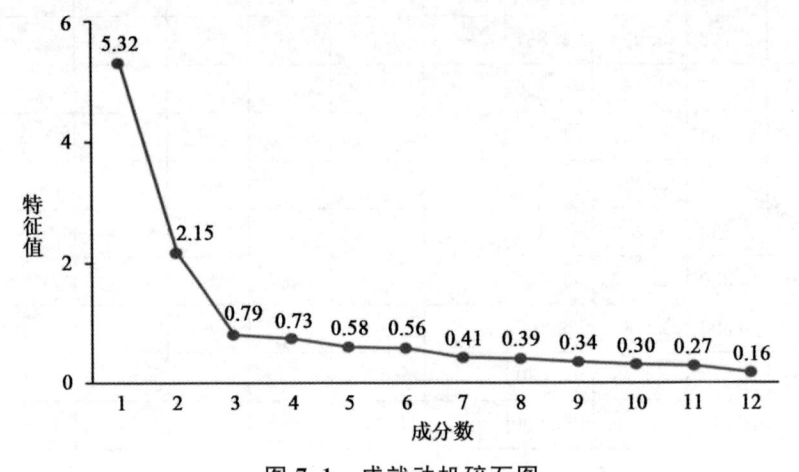

图 7.1 成就动机碎石图

7.4.2.2 成就动机量表的验证性因子分析

由上述分析可知,成就动机量表的内部一致性较好,适合进行验证性因子分析。本部分研究采用 SPSS22.0 对偶数数据进行验证性因子分析。由表 7.3 可知,成就动机量表数据拟合较佳,χ^2/df、GFI、RMSEA、SRMR、RMR CFI、NFI 和 NNFI 指标值都达到拟合的标准,表明成就动机量表具有较好的结构效度,适合进行下一步分析。

表 7.3 成就动机量表的验证性因素分析结果(n=164)

统计检验量	χ^2	df	p	χ^2/df	GFI	RMSEA	SRMR	RMR	CFI	NFI	NNFI
数值	94.314	52	0.000	1.184	0.914	0.071	0.050	0.029	0.956	0.908	0.944

7.4.3 竞技体能教练职业环境量表质量分析

竞技体能教练职业环境量表为自编量表,不是成熟的量表,一般需要对量表进行项目分析,信效度检验和验证性因子分析。本研究将竞技体能教练职业环境量表收集的数据进行奇偶分半,奇数的数据进行项目分析、信效度检验,偶数的数据进行验证性因子分析。

7.4.3.1 竞技体能教练职业环境量表的项目分析

竞技体能教练职业环境量表的项目分析,主要采用极端值比较检验法和同质性检验法。经极端值比较检验,各题项的 CR 值均达到显著性水平($p<0.01$),表明各题项有较好的鉴别度。经同质性检验,各题项的相关系数均大于 0.40,表明各题项均予以保留。

7.4.3.2 竞技体能教练职业环境量表的信效度分析

采用同质性信度分析法中的克伦巴赫信度系数(Cronbach's alpha)对竞技体能教练职业环境量表进行信度检验。经检验竞技体能教练职业环境量表的信度系数为 0.868,根据信度指标判断标准(0.90 以上为非常理想,0.80~0.90 为理想),说明竞技体能教练职业环境量表具有较好的信度。

通过 Bartlett 球形度检验,竞技体能教练职业环境量表 $KMO=0.853$, $\chi2=712.236$, $df=36$, $p=0.00$,说明调查的数据适合进行因子分析。对竞技体能教练职业环境量表进行探索性因子分析,经主成分分析加最大方差进行正交旋转,共有 2 个因子的初始特征值大于 1,累计解释量为 65.378%,超过了最低 50% 的要求,完全能够满足研究需要,后面成分的特征值贡献很小,可以忽略,具体结果见表 7.4。根据因子分析对因子负荷的要求,经旋转后得到清晰的两因素结构,2 个因子下的负荷均大于 0.45,且共同度均大于 0.4,通过效度检验,9 个题项都应予以保留,具体结果见表 7.5。通过上述分析,结合碎石图(图 7.2),职业环境量表因子数确定为 2 个是合适的。因子 1 主要涉及竞技体能教练培养体系、资格认证、管理制度等方面内容,根据因子命名规则,可将因子1命名为制度保障。因子2主要涉及领导和主教练支持、继续教育、专业能力提升等方面内容,根据因子命名规则,可将因子2命名为队伍支持。

表7.4 竞技体能教练职业环境公共因子的特征值和贡献率(n=164)

成分	特征根			旋转前方差解释率			旋转后方差解释率		
	特征根	方差解释率%	累积%	特征根	方差解释率%	累积%	特征根	方差解释率%	累积%
1	4.543	50.473	50.473	4.543	50.473	50.473	3.074	34.158	34.158
2	1.341	14.906	65.378	1.341	14.906	65.378	2.810	31.220	65.378
3	0.763	8.477	73.855	—	—	—	—	—	—
4	0.652	7.247	81.102	—	—	—	—	—	—
5	0.479	5.322	86.424	—	—	—	—	—	—
6	0.398	4.421	90.845	—	—	—	—	—	—
7	0.330	3.671	94.516	—	—	—	—	—	—
8	0.282	3.132	97.648	—	—	—	—	—	—
9	0.212	2.352	100.000	—	—	—	—	—	—

表7.5 竞技体能教练职业环境旋转后矩阵(n=164)

题项	因子载荷系数		共同度(公因子方差)
	因子1	因子2	
1	0.843		0.714
2	0.857		0.735
3	0.729		0.726
4	0.640		0.672
	0.516		0.452
5		0.536	0.576
6		0.677	0.581
8		0.839	0.712
9		0.844	0.716

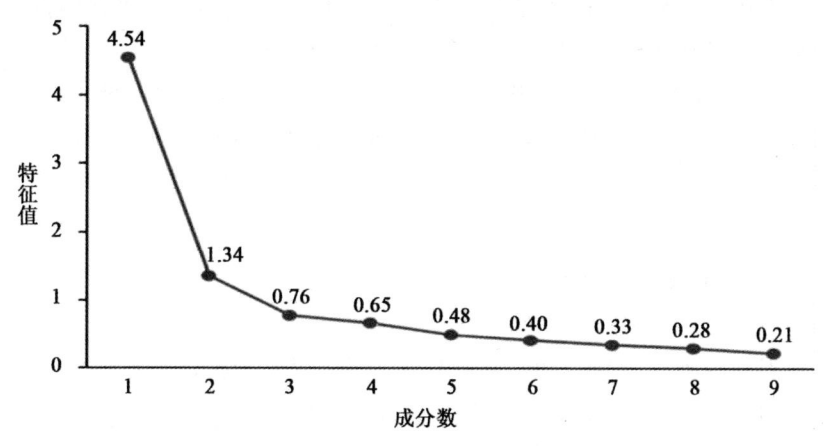

图 7.2 竞技体能教练职业环境碎石图

7.4.3.3 竞技体能教练职业环境的验证性因素分析

由上述分析可知,竞技体能教练职业环境量表的内部一致性较好,适合进行验证性因素分析。本部分研究采用SPSS22.0对偶数数据进行验证性因子分析。由表7.6可知,虽然RMSEA为0.103没有达到0.10的拟合标准,但也非常接近,基本上可以忽略不计,而其他指标如χ2/df、GFI、SRMR、RMR CFI、NFI和NNFI指标值都达到拟合理想的标准,说明竞技体能教练职业环境量表数据拟合较佳,即竞技体能教练职业环境量表具有较好的结构效度,适合进行下一步分析。

表 7.6 成就动机量表的验证性因素分析结果(n=164)

统计检验量	χ2	df	p	χ2/df	GFI	RMSEA	SRMR	RMR	CFI	NFI	NNFI
数值	62.458	23	0.000	2.716	0.923	0.103	0.047	0.032	0.958	0.936	0.934

7.4.4 共同方法偏差检验

共同方法偏差指的是因为同样的数据来源造成的预测变量与效标变量之间人为的共变。这种人为的共变对研究结果产生严重的混淆并对结论有潜在的误导,是一种系统误差。目前主要采用 Harman 单因素检验方法进行共同方法偏差检验。本研究量表所有题项进行 Harman 单因素检验结果表明,限定提取 1 个因子的解释方差变异为 26.163%,低于 40%的临界值,说明本研究预测变量与效标变量之间不存在严重的共同方法偏差问题。

7.4.5 共线性问题检验

对超越动机、掌握动机、制度保障、队伍支持、竞技体能教练职业信念、竞技体能教练专业知识与能力、竞技体能教练沟通与合作能力、竞技体能教练自主发展能力等 8 个潜变量进行 Pearson 双侧相关性统计。由表 7.7 可知,8 个变量的两两相关系数均低于临界值 0.75,不存在共线性问题。同时,各变量之间均是显著的正相关,符合结构方程模型的建模要求。

表 7.7 成就动机、竞技体能教练职业环境与竞技体能教练核心素养相关矩阵(n=328)

变量	超越动机	掌握动机	制度保障	队伍支持	竞技体能教练职业信念	竞技体能教练专业知识与能力	竞技体能教练沟通与合作能力	竞技体能教练自主发展能力
超越动机	1							
掌握动机	0.488**	1						
制度保障	0.380**	0.579**	1					
队伍支持	0.404**	0.356**	0.622**	1				
体能教练职业信念	0.316**	0.457**	0.490**	0.274**	1			
竞技体能教练专业知识与能力	0.427**	0.468**	0.525**	0.460**	0.654**	1		

续表

变量	超越动机	掌握动机	制度保障	队伍支持	竞技体能教练职业信念	竞技体能教练专业知识与能力	竞技体能教练沟通与合作能力	竞技体能教练自主发展能力
竞技体能教练沟通与合作能力	0.445**	0.601**	0.611**	0.471**	0.653**	0.720**	1	
竞技体能教练自主发展能力	0.487**	0.544**	0.600**	0.507**	0.599**	0.666**	0.696**	1

注：** 表示 $p<0.01$

7.4.6 成就动机对竞技体能教练核心素养的中介效应路径分析

回归分析可以探讨自变量与因变量的直接和间接关系，但回归分析不能对自变量与因变量复杂的关系进行处理。结构方程模型可以作为一种替代回归分析、路径分析的方法，可以清晰地分析单项指标对总体的作用和单项指标间的相互关系。因此，本研究采用 Amos24.0 对自变量竞技体能教练职业环境、中介变量成就动机、因变量竞技体能教练核心素养之间的直接效应和中介效应，采用结构方程模型拟合自变量、中介变量和因变量三者之间的关系，进而对研究假设进行检验。因此，构建无中介模型（M1）、完全中介模型（M2）、部分中介模型（M3）三个模型，并比较三个模型，确定最佳模型，以进一步探讨竞技体能教练核心素养影响机制。

7.4.6.1 无中介模型（M1）

（1）无中介模型（M1）构建

建立竞技体能教练职业环境对竞技体能教练核心素养的直接作用、

没有成就动机的中介作用。如图7.3所示,竞技体能教练职业环境由制度保障(A1)和队伍支持(A2)两个指标组成,竞技体能教练核心素养由竞技体能教练职业信念(C1)、竞技体能教练知识与能力(C2)、竞技体能教练沟通与合作能力(C3)和竞技体能教练自主发展能力(C4)四个指标组成。

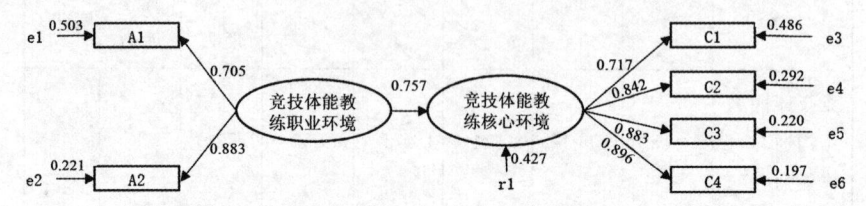

图 7.3 竞技体能教练职业环境对竞技体能教练核心素养的直接作用模型

(2)参数估计和拟合度评价

由表7.8可知,对竞技体能教练职业环境对竞技体能教练核心素养的直接作用模型进行分析,除了指标 χ^2/df 大于5的标准和指标 RMSEA 大于0.1的标准外,其他各项指标均符合要求。

表 7.8 模型 M1 拟合度分析

统计检验量	χ^2	df	p	χ^2/df	GFI	RMSEA	RMR	SRMR	CFI	NFI	NNFI
数值	42.711	8	0.000	5.339	0.960	0.115	0.010	0.031	0.972	0.966	0.947

(3)模型解释

由表7.9可知,模型 M1 中竞技体能教练职业环境对竞技体能教练核心素养的直接影响系数为0.757,且达到显著性水平($p<0.01$)。

表 7.9 无中介模型(M1)的路径系数

路径		非标准化路径系数	标准误	C.R. 值	p	标准化路径系数
竞技体能教练职业环境→	竞技体能教练核心素养	1.000	0.050	9.812	0.000	0.757

7.4.6.2 完全中介模型(M2)

(1)完全中介模型(M2)构建

建立竞技体能教练职业环境对竞技体能教练核心素养的间接作用、成就动机的完全中介作用。如图 7.4 所示,竞技体能教练职业环境由制度保障(A1)和队伍支持(A2)两个指标组成,成就动机由超越动机(B1)和掌握动机(B2)两个指标组成,竞技体能教练核心素养由竞技体能教练职业信念(C1)、竞技体能教练知识与能力(C2)、竞技体能教练沟通与合作能力(C3)和竞技体能教练自主发展能力(C4)四个指标组成。

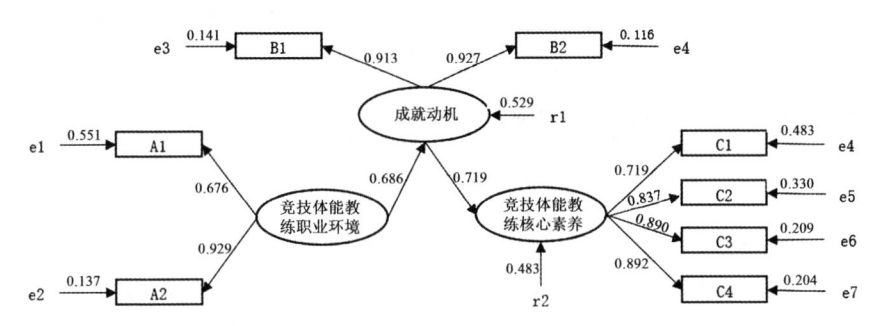

图 7.4 竞技体能教练职业环境对竞技体能教练核心素养的完全中介作用模型

(2)参数估计和拟合度评价

由表 7.10 可知,对竞技体能教练职业环境对竞技体能教练核心素养的间接作用、成就动机完全中介作用的模型进行分析,除了指标 χ^2/df 大于 5 的标准和指标 RMSEA 大于 0.1 的标准外,其他各项指标均符合要求。

表 7.10 模型 M2 拟合度分析

统计检验量	χ^2	df	p	χ^2/df	GFI	RMSEA	RMR	SRMR	CFI	NFI	NNFI
数值	135.917	18	0.000	7.551	0.907	0.142	0.029	0.085	0.937	0.929	0.902

(3)模型解释

由表 7.11 可知,模型 M2 中竞技体能教练职业环境通过中介变量成就动机对竞技体能教练核心素养的间接影响路径系数为0.493（r＝0.686×0.719＝0.493），且达到显著性水平（p<0.01）。

表7.11 完全中介模型（M2）的路径系数

路径		非标准化路径系数	标准误	C.R.值	p	标准化路径系数
竞技体能教练职业环境→	成就动机	0.857	0.083	10.264	0.000	0.686
成就动机→	竞技体能教练核心素养	0.396	0.034	11.655	0.000	0.719

7.4.6.3 部分完全中介模型（M3）

（1）部分完全中介模型（M3）构建

建立竞技体能教练职业环境对竞技体能教练核心素养的直接和间接作用、成就动机的部分中介作用。如图7.5所示，体能教练职业环境由制度保障（A1）和队伍支持（A2）两个指标组成，成就动机由超越动机（B1）和掌握动机（B2）两个指标组成，竞技体能教练核心素养由竞技体能教练职业信念（C1）、竞技体能教练知识与能力（C2）、竞技体能教练沟通与合作能力（C3）和竞技体能教练自主发展能力（C4）四个指标组成。

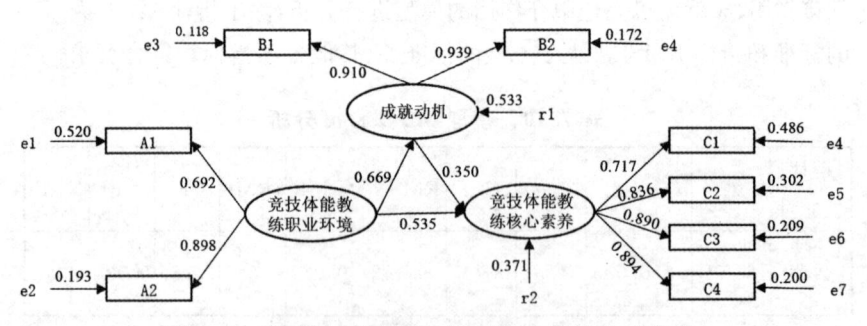

图7.5 竞技体能教练职业环境对竞技体能教练核心素养的部分中介作用模型

7 我国竞技体能教练核心素养的影响因素研究

(2)参数估计和拟合度评价

由表 7.12 可知,对竞技体能教练职业环境对竞技体能教练核心素养的间接作用、成就动机完全中介作用的模型进行分析,除了指标 RMSEA 略大于 0.1 标准外,其他各项指标均符合要求。

表 7.12　模型 M3 拟合度分析

统计检验量	χ^2	df	p	χ^2/df	GFI	RMSEA	RMR	SRMR	CFI	NFI	NNFI
数值	77.962	17	0.000	4.586	0.942	0.105	0.010	0.030	0.968	0.959	0.947

(3)模型解释

由表 7.13 可知,在模型 M3 中:竞技体能教练职业环境对竞技体能教练核心素养提升有直接影响,路径系数为 0.535,且达到显著性水平($p<0.01$),研究假设 H_1 成立;竞技体能教练职业环境对竞技体能教练成就动机提升有直接影响,路径系数为 0.669,且达到显著性水平($p<0.01$),研究假设 H_3 成立;成就动机对竞技体能教练核心素养提升有直接影响,路径系数为 0.350,且达到显著性水平($p<0.01$),研究假设 H_2 成立;竞技体能教练职业环境对竞技体能核心素养产生间接影响,竞技体能教练职业环境通过成就动机对竞技体能教练核心素养产生间接影响,路径系数为:$0.669\times0.350=0.234$,成就动机起到中介作用,研究假设 H_4 成立。

表 7.13　部分中介模型(M3)的路径系数

路径		非标准化路径系数	标准误	C.R. 值	p	标准化路径系数
竞技体能教练职业环境→	成就动机	0.805	0.081	9.929	0.000	0.669
成就动机→	竞技体能教练核心素养	0.192	0.039	4.995	0.000	0.350
竞技体能教练职业环境→	竞技体能教练核心素养	0.344	0.052	6.522	0.000	0.535

7.4.6.4 三类模型比较

由表 7.14 比较模型拟合各项指标可以看出,只有 M3 的 χ^2/df 值小于 5 的标准,说明模型 M3 的适配度要优于模型 M2 和模型 M1,同时结合其他指标进行比较分析,模型 M3 的拟合度也要优于模型 M2 和模型 M1,即竞技体能教练职业环境对竞技体能教练核心素养有直接作用,并通过成就动机产生间接作用。

表 7.14 模型拟合指数比较结果

模型	χ^2	df	p	χ^2/df	GFI	RMSEA	RMR	SRMR	CFI	NNFI
M1	42.711	8	0.000	5.339	0.940	0.115	0.011	0.031	0.972	0.947
M2	135.917	18	0.000	7.551	0.907	0.142	0.029	0.085	0.937	0.902
M3	77.962	17	0.000	4.586	0.942	0.105	0.010	0.030	0.968	0.947

综合以上模型分析,本研究认为成就动机在竞技体能教练核心素养提升中起到较强的中介作用:即当职业发展环境条件一致时,拥有较强成就动机的竞技体能教练会在竞技体能教练核心素养等方面表现更加优异。

7.5 讨 论

7.5.1 竞技体能教练职业环境对竞技体能教练核心素养的影响

个体的发展离不开具体的社会背景和环境[235],对于具有高素质要求的竞技体能教练来说更需要良好的职业发展环境[236]。竞技体能教练职业环境表示竞技体能教练单位组织构建出的实现竞技体育目标的综合环境，它不是一个单一变量，而是一个综合变量。竞技体能教练职业环境是一个两因素结构，不仅包括队伍提供的团队环境、继续教育等队伍支持维度，也包括资格认证和政策支持等制度保障维度。

根据模型 M1 可知，竞技体能教练职业环境对体能教练核心素养有着显著的影响，其预测力极大，达到了 0.757。这表明竞技体能教练职业环境的好坏对竞技体能教练核心素养的发展有着重要影响，对竞技体能教练核心发展起着关键作用。这一结果与已有研究结果一致，如章崇会在研究中指出竞技体育教练员发展好坏直接受教练员的职业环境影响，职业环境好，教练员发展就好[237]；职业环境不好，教练员发展就受限。正如李富荣所言，在一个好的职业环境，一个好的教练员不仅能够培养更多优秀运动员，还能带动整个项目的发展[238]。我国有些教练发展遇到困境，与我国教练员职业发展环境有关，尤其是与我国体育发展的举国体制自身的局限性有关[239-241]。由此可知，目前我国竞技体能教练核心素养水平不高与竞技体能教练的职业环境有关，这一研究结果与 Ralphfessler 和 Judith 等人对教师专业发展影响因素研究相一致的结果[242]。在访谈中就有专家提出，我国目前竞技体能教练的职业发展环境不容乐观，竞技体能教练在运动队有些属于"三无"人员（无岗位、无编制、无认证），使得竞技体能教练的发展严重受限。正如国内有些专家所言，由于我国竞技体能教练属于编外人员，不仅严重影响体能教练主观能动性发挥[243]，而且各个队伍很难留住体能教练人才[244]。在这样的情形下改善我国竞技体能教练职业环境，对于提升竞技体能教练核心素养尤为重要。

7.5.2 竞技体能教练职业环境对竞技体能教练成就动机的影响

成就动机不仅具有驱动性，也具有社会性。个体的成就动机在很大程度上受所处的社会环境的直接影响，成就动机是能反映社会环境的心理特征[245]。在模型 M2 中，竞技体能教练职业环境对竞技体能教练成就动机预测力为 0.686，说明竞技体能教练职业环境对竞技体能教练成就动机影响是比较大的。由此可知，竞技体能教练的成就动机水平与竞技体能教练职业环境有着直接影响。因此，要想提升我国竞技体能教练成就动机,需要改善我国竞技体能教练职业发展环境,如在运动队设置专门的体能教练岗位和体能教练职称评审制度等。

7.5.3 成就动机对竞技体能教练核心素养的影响

成就动机是个体最重要的心理特征之一。成就动机是一个人追求成功的内在驱动力,拥有较高成就动机的人,为了实现自己的目标,更容易付诸实践行动并坚持下去[246-247]。在运动心理学中,教练员最关注的问题是成就动机,在某种程度上教练员的成就和表现都被个人的成就动机掌控决定。在模型 M3 中,成就动机对竞技体能教练核心素养预测力为 0.350,说明成就动机对竞技体能教练核心素养影响是比较大的。

高成就动机的个体倾向于追求较为困难和挑战性的目标,当实现目标后就会获得很高的成就感和满足感[248]。章崇会在研究中指出,高水平教练往往具有高成就感,高成就感是高水平教练最明显的心理特征。教练成就动机越强,就越希望自己做得更好,希望不断超越他人和自己。对于成就动机较强的教练来说,为了实现自己的目标,会主动采用相应的措施和策略,并积极付诸行动。对我国竞技体能教练来说,在职业发展平台不甚理想和有待提高的情况下,他们能在自己的岗位上坚持下去并能顺利完成,在一定程度上是由于竞技体能教练拥有较强的成就动机,希望自己能够做得更好,得到运动员、领队、主教练和同行的认可。在访谈中,有专家指出我国竞技体能教练在运动队不仅要干体能训练工作,还要干很多其他工作;不仅工作时间长、压力大,还感觉不被重视、缺乏专项教练或管理人员的尊重和理解,甚至如果运动员出现伤病,往往需要竞技体能教练要承担很大一部分责任。我们竞技体能教练在这样的职业发展环境下,能够坚持下去并很好地完成工作任务,因为他们心中有一个梦想,就是希望自己训练的运动员能够在奥运会、世界杯和世锦赛等重大国际赛事上夺金摘银,这不仅是运动员的比赛成绩,也是竞技体能教练的工作成绩。当竞技体能教练看到经过自己训练的运动员,在世界大赛上获得好成绩,竞技体能教练就能获得成就感和满足感。竞技体能教练在这样高成就感的内在动机推动下,即使在不利的职业发展环境下,也会克服种种困难、减少拖延、不言放弃,并不断地提升自己的核心素养水平,为运动员提供更好的体能训练指导。

7.5.4 成就动机在竞技体能教练职业环境对竞技体能教练核心素养影响的中介效应分析

国外学者 Lewin[249]和 Furnham A[250]等人研究发现,环境可以通过影响人的心理来影响人的行为,国内学者高旭繁[251]和杨国枢[252]也得到类似的研究结果。体能教练作为"特殊"的人,除了上述职业环境对竞技体能教练核心素养有直接重要影响外,竞技体能教练职业环境还可以通过成就动机对竞技体能教练核心素养产生间接影响。

在本研究中,通过上文无中介模型、完全中介模型和部分中介模型等三个模型比较可知,部分中介模型是最优模型,即竞技体能教练职业环境对竞技体能教练核心素养有直接作用,并通过成就动机产生中介作用。也就是说竞技体能教练职业环境对竞技体能教练核心素养的影响是通过两条路径来实现的:一条路径是竞技体能教练职业环境对竞技体能教练核心素养的直接影响;另一条路径是竞技体能教练职业环境对竞技体能教练核心素养的影响,需要成就动机的参与。具体来说,在部分中介模型中竞技体能教练职业环境对竞技体能教练核心素养的直接影响路径系数为 0.535,竞技体能教练职业环境通过成就动机对竞技体能教练核心素养间接影响路径系数为 0.234。这说明当竞技体能教练职业环境一致时,拥有较强成就动机的竞技体能教练会在核心素养方面表现得更加优异,这个研究结果比较符合我国竞技体能教练的现状。在访谈中有体能训练专家指出:"竞技体能教练在从事体能训练的工作中,除了满足基本物质生活需求外,更希望在体能训练工作中取得成功,收获成就感、荣誉感和自豪感,这种精神上的满足,才是优秀竞技体能教练真正渴望的理想追求和奋斗目标。"

在同样职业发展环境下,成就动机强的竞技体能教练为了实现自己的职业梦想,在工作影响了正常的家庭生活的情况下,一直坚持自己的职业梦想,几乎长年累月不休假,希望自己指导训练的运动员能够获得全国或世界冠军,以获得自己心中的成就。正如在访谈中某竞技体能教练所说:"在我国,竞技体能教练在运动队是缺少话语权的,他们之所以能够坚持下去并做得比较出色,有一个很重要的原因就是希望自己训练的运动员能在别的国家升起五星红旗,所以他们会努力去帮助运动员实现预先设定的训练与比赛目标,不会轻言放弃,会更加自律。"在已有研究中得到了相类似结果,例如 D. C. McClelland 认为具有高成就感的人,在同样的职业发展环境中,不会太看重成功后的物质收获,而更看重在争取成功过程中不断奋斗的乐趣,更看重成功之后的个人成就感,促使自己始终保持对工作的极大热情,不断提升自己的综合能力。

7.6 小结

(1)竞技体能教练职业环境和竞技体能教练成就动机是影响竞技体能教练核心素养的主要影响因素。

(2)竞技体能教练职业环境对竞技体能教练核心素养有显著的积极影响,成就动机对竞技体能教练核心素养有显著的积极影响。

(3)在三个模型比较中,部分中介模型拟合度优于无中介模型和完全中介模型,说明竞技体能教练职业环境对体能教练核心素养有直接作用,而成就动机产生间接(中介)作用。

8 我国竞技体能教练核心素养提升策略

体能训练作为我国竞技体育的重要组成部分，体能训练质量已成为决定我国竞技体育发展的关键性变量。体能训练质量的提高在很大程度上取决于竞技体能教练的质量，根本上说取决于竞技体能教练的核心素养。然而，竞技体能教练核心素养是一个多维和综合性的概念，其有效培养和提升是一个全面且复杂的系统工程，需要建立一个全方位、多层次的策略体系。本研究结合我国竞技体能教练核心素养发展情况和影响因素，针对性地提出了我国竞技体能教练核心素养提升策略。

8.1 加快制定我国竞技体能教练专业素养标准

专业素养标准（也称为专业标准）是专业化发展的基本前提，是素养提升的根本保障[253]。竞技体能教练专业素养标准（也称竞技体能教练专业标准）为竞技体能教练的专业成长提供了预设轨道和参照标准，确立竞技体能教练专业标准有利于促进竞技体能教练专业成长、提高竞技体能教练培养质量和提升竞技体能教练核心素养水平。我国体能训练行业起步较晚，但发展迅速，对竞技体能教练需求日益增多。由于我国尚未建立竞技体能教练专业素养标准，使得我国竞技体能教练的教育、培养、准入和认证缺乏统一可参考的标准，导致竞技体能教练整体专业素养偏低，使得我国体能训练整体水平不高，我国亟须建立能够凸显竞技体能教练核心素养的专业标准。通过构建凸显竞技体能教练核心素养的专业标准,能够引导竞技体能教练聚焦职业信念、专业知识与能力、沟通与合作能力和自主发展能力的提升,从而有效推动竞技体能教练核心能力的提升。

我国对竞技体能教练专业标准建设经验缺乏,而英国和美国对竞技体能教练专业标准的制定和实施积累了丰富的经验,取得了丰硕的成果,值得我们分析和借鉴。如美国体能协会制定了《体能教练专业标准》,为竞技体能教练专业发展提供了指南[254]。因此,我国在构建竞技体能教练专业标准时,可以对英国、美国体能教练专业标准的设计理念、框架结构、语言表达、认证考核方式等,进行消化、吸收、整合和创新,这样可以使我国竞技体能教练专业标准与国际接轨,提高我国竞技体能教练在世界体能训练领域的话语权和影响力。

虽然他山之石可以攻玉,但是任何事物都有两面性,不能完全"拿来主义",应取其精华去其糟粕。如果完全照抄照搬,会导致水土不服,缺乏针对性和实效性。例如英国体能教练专业标准缺乏对基本要求的进一步解释,更没有具体的应用实例,那么我们在制定专业标准时可以进一步具体化,以提高专业标准的实用性、有效性和可操作性。美国体能教练专业标准是一部涵盖体能教练不同发展阶段的通用标准,没有针对体能教练不同发展阶段制定相应的标准,这对不同发展水平的体能教练关注度不够,且对当前聚焦发展体能教练核心素养还不够。许多研究经验表明,分层次的专业标准更能有效促进专业能力的提升。那么,我们可以根据体能教练不同的发展层次制定专业标准,如合格、胜任、资深和专家等不同层次的竞技体能教练专业标准等。同时,竞技体能教练专业标准制定时,应坚持实践导向,增强竞技体能教练的专业实践能力、沟通与合作能力、科研与创新能力及学习与反思能力等,才能有效地提升我国竞技体能教练的核心素养。

8.2 建立基于专业素养标准的竞技体能教练资格认证体系

专业素养标准是竞技体能教练职业准入的主要依据,是提升竞技体能教练素养的重要保障,为竞技体能教练的职业准入、专业行为和专业发展提供目标和方向,但是要想使标准真正发挥提升竞技体能教练素养的推进作用,必须建立基于标准的资格认证制度。基于标准的资格认证,是评定和检验竞技体能教练的专业知识、能力和品性等方面的专业素养是否达到标准的基本要求[255],并通过严格认证程序考核,才能获得竞技体能教练资格认证。同时研究表明,获得资格认证是成为一名优秀竞技体能教练的重要标志[256]。

在英国和美国等国家,不仅建立了体能教练专业标准,也建立了基于标准的资格认证制度。英国和美国的体能教练需要经过培训、准入、继续教育、再认证等过程,证书并非终身制。如英国体能协会认证的体能教练每两年进行一次认证,要求每两年修满 100 个继续教育学分。英国体能协会的 ASCC 证书已经成为国际上聘用和应聘体能训练专业岗位的必备证书,很多具有 ASCC 证书的体能教练成了职业俱乐部和国家队的体能教练,他们已成为英国在世界体能训练领域的"代言人"。由此可见,构建竞技体能教练专业标准是促进竞技体能教练专业发展的根本前提,而根据标准制定合理的认证制度是竞技体能教练专业知识和专业能力持续发展的根本保障,是竞技体能教练职业化和专业化发展的必由之路。

随着我国社会分工的细化和职业体育的商业化、市场化快速发展,竞技体能教练将会成为我国一种新的职业,要想从事体能教练工作,就必须获得相应的资格证书,持证上岗。我国成立的体育科学学会体能训练分会的业务范围并没有职业技能标准制定或职业技能认证相关内容,其进行的"体能训练师"认证,还不能作为竞技体能教练职业认证[257]。由于我国没有资格认证制度,使得竞技体能教练的专业化发展受到严重影响,也是我国部分竞技体能教练出现职业倦怠的重要原因。如果我国竞技体能教练经过严格的认证过程,不仅可以激发竞技体能教练的专业热情和专业责任,还可以提升竞技体能教练的专业地位和社会地位。因此,本研究认为加快建立我国竞技体能教练资格认证制度建设已是刻不容缓。根据我国竞技体能教练专业化发展现状,以及参考美国、英国和澳大利亚等国家的职业认证发展经验,我国应建立包括准入制度、分级制度和定期认证制度"三位一体"的竞技体能教练资格认证体系。由于竞技体能教练资格认证体系是一个复杂的系统工程,需要在国家体育总局、人力资源和社会保障部等有关部门共同组织下,使竞技体能教练职业认证合法化,真正促进我国竞技体能教练职业化和专业化发展。

　　准入制度是指竞技体能教练必须达到标准的基本要求才能获得资格证书,才能从事体能训练工作。体能教练分级制度,根据竞技体能教练专业发展的阶段性特征分成不同级别,为体能教练进一步发展提供了广阔的拓展空间。竞技体能教练的专业发展是螺旋式的提高过程,在职业生涯中需要不断地探索,不断地总结经验。根据国家人力资源和社会保障部、国家体育总局对教练员职称层级的设置,体能教练相应地可以分成初级、中级、高级、国家级四个等级,每一级都是在上一级基础上的提高,既反映了该阶段相对于前一阶段的进步,又给出了下一阶段的成长性目标,为竞技体能教练的专业成长指明方向,有利于竞技体能教练核心素养可持续性提升。这充分体现了竞技体能教练专业发展的阶段性、长期性和累积性特征[258],反映了竞技体能教练的知识、专长和经验的发展性和可塑性。初、中级两级的体能教练一般作为实习者在俱乐部或运动队从事最基础的体能训练工作,可通过在模拟环境中对初、中两级的体能所掌握的知识和实践操作进行认证考核。高级、国家级两级体能教练主要在职业俱乐部和高水平运动队工作,资格认证难度加大,通过的人数较小,在对体能教练资格认证评估时直接以实践演练对教练员的综合能力进行评估[259]。

　　定期认证制度,是指竞技体能教练获得的资格证书并非终身有效,是有时效性的,需要定期认证。竞技体能教练资格定期认证其根本目的是促进体能教练不断学习、不断进步,始终为提高训练有效性和质量而努力[260]。现代体能训练快速发展,促使竞技体能教练需要不断更新知识和提高能力。竞技体能教练资格定期认证制度,其核心就是促使竞技体能教练不断地持续学习。竞技体能教练持续学习,不仅可以学习新理念、新知识、新技能,还可以促进其专业可持续发展。美国和英国在竞技体能教练持续学习教育方面已建立比较成熟的方式,其主要方式是采取学分制,并把学习内容分成了不同类别,且每个类别的学分不一样[261]。即竞技体能教练可以在规定时间内采取不同形式的继续教育,如参加学术会议、发表学术论文来获取相应的学分,达到规定最低的继续教育学分,就能通过竞技体能教练资格定期认证,然后再重新认证。由此可知,我国建立竞技体能教练资格定期认证制度是非常必要的。

8.3 建立专家和竞技体能教练专业合作的学习共同体

竞技体能教练核心素养的发展,虽然对政策与组织环境方面的保障有依赖性,但是政策的有效实施、组织环境的形成和改善,离不开竞技体能教练主体的自觉行为。在当前我国竞技体能教练职业环境不够理想的情况下,以提升竞技体能教练的共建意识和行为为目的,建立专业合作的学习共同体动力机制意义重大。在专业学习共同体动力机制下,竞技体能教练即资源,竞技体能教练即自身发展之保障,将有效打破竞技体能教练核心素养发展过度依赖竞技体能教练职业环境的壁垒。同时,大量的研究成果和证据表明:当人们成为学习共同体一员的时候,他们进行专业学习的效果是最好的。由此可知,专业合作学习共同体的构建,不仅是促进竞技体能教练专业发展的主要手段,更是促进竞技体能教练核心素养提升的重要手段。

在专业合作的学习共同体中,体能专家和竞技体能教练以自身专业发展为核心,以专业协会、单项协会和竞技体育管理部门为助力,共同助力建设专业合作的学习共同体,构成竞技体能教练发展的动力调控处理器,对共同体内部成员的发展起促进和监督作用[262]。这样就会真正有效地打破竞技体能教练专业发展对外部环境的过度依赖,从而真正地从专业化层面促进竞技体能教练核心素养的提升。专业合作的学习共同体构建,可以有多种形式进行构建,但是最有效的方式包括两种途径:一是专家合作,主要是竞技体能教练向运动科学专家、运动心理学家、专项教练、康复理疗师等进行学习,寻求专家支持以获得更好的专业发展机会;二是同行合作,主要是竞技体能教练之间的相互合作,以达到专业的共同发展。

首先,竞技体能教练可以通过学习共同体,获得体能训练专家、运动科学专家等支持。已有研究表明,各领域许多高校的专业人员往往都寻求专家的支持以获得专业的成长与发展。竞技体能教练在运动科学领域需要获得运动科学专家的支持;在专项运动领域需要获得专项教练的帮助；在体能训练实践领域需要获得体能训练专家的指导；在运动高科技领域需要获得科技专家的指导；在运动心理领域需要获得运动心理学专家的支持。这样在不同专家的支持和帮助下，竞技体能教练才能真正架起体能训练理论与实践的桥梁，真正提高自己的执教能力，真正实现体能训练科学与艺术的融合。因此，我们可以建立以竞技体能教练、运动科学专家、运动心理学专家等为核心的体能教练专家支持平台，在专家的指导下帮助竞技体能教练有针对性地解决体能训练中的实际问题，不仅能有效提升竞技体能教练的专业实践能力，而且能进一步提高竞技体能教练的沟通与合作能力，从而有效促进竞技体能教练核心素养的提升。

其次，竞技体能教练可以通过学习共同体实现竞技体能教练之间的合作。在竞技体能教练专业发展中，同行之间的学习也是非常重要的，特别是向优秀同行学习[263]，不仅有利于提高竞技体能教练的学习能力，也有利于提高竞技体能教练反思能力，这对竞技体能教练核心素养提升具有重要的促进作用。同行学习有多种形式，主要包括师徒式言传身教、榜样型教练学习与合作、同行相互学习。例如，通过对榜样型教练的学习与合作，可以帮助自己构建体能训练实践观念[264]，以提升自己执教的有效性。总之，通过同行学习，可以帮助竞技体能教练加深对专业素养与执教能力、专业发展的理解，从而促进竞技体能教练由内至外的主动学习。但是，在同行学习和合作过程中，要做到真合作，而不是假合作，要形成具有凝聚力的团队合作文化。其实，我们在实际合作中，可以看到许多竞技体能教练之间的合作并不是"真合作"，只是为了合作而合作。所谓的真合作就是一群具有共同目标和信念的人在一起，通过有效的合作内容和手段，一起努力共同促进专业的发展，其实这也是组建学习共同体的目的。因此，实现竞技体能教练之间的同行学习，主要是要做到"真合作"，而不是"假合作"，充分发挥团队文化建设在提升竞技体能教练核心素养方面的效应，从而不断提高竞技体能教练的核心素养。

8.4 建立竞技体能教练核心素养发展继续教育体系

研究表明,继续教育是竞技体能教练不断学习与进步的重要手段[265]。澳大利亚体能协会认为继续教育学习是体能教练学习最新体能训练方法和技术的主要手段,要求体能教练须参加不同形式的继续教育。英国体能训练协会为了使体能教练能够保持与更新体能训练专业知识与技能,制定了体能教练继续教育发展计划(CPD计划)。美国体能协会为了促进体能教练不断学习新知识和技能,要求体能教练每隔3年进行重新认证。由此可知,建立具有中国特色的竞技体能教练继续教育体系是非常必要的,不仅可以促进竞技体能教练训练理念持续更新,也可以提高竞技体能教练的核心素养水平,从而推进竞技体能教练专业化发展。由于国内竞技体能教练职业发展环境与国外完全不一样,我们不能照抄照搬国外继续教育体系,根据国情我们可以从自主学习、专题讲座、学术交流、考察学习、短期培训和集体反思等6个方面建立我国竞技体能教练核心素养继续教育体系。竞技体能教练完成不同方面学习和培训的任务,都给予一定的继续教育学分,作为用于竞技体能教练年度或绩效考核指标。

8.4.1 自主学习

知识的获取是教练专业素养不断提升的重要途径[266-267]。研究指出,教练获取知识的途径很多,但是教练自主学习知识比被动接受知识更有利于教练综合素养的提升,自主学习是教练继续教育的重要组成部分[268-269]。自主学习能力是促进竞技体能教练核心素养提升的内在驱动力,是竞技体能教练实现自我专业可持续发展的有效途径。竞技体能教练的自学空间可以是家里、运动队;竞技体能教练自学的时间可在训练前后;竞技体能教练自学的内容可涉及体能训练前沿知识、团队文化建设、体能训练科研创新等方面的内容。在信息化时代,电子学习、移动学习等为竞技体能教练提供了大量的学习机会、空间、时间,大大拓展了竞技体能教练的自主学习场域。总之,竞技体能教练可通过不同空间、不同时间、不同方式来进行自主学习,有的放矢,有针对性地提升自己的核心素养。

8.4.2 专题讲座

专题讲座是提升教练素养水平的一种重要方式,要有计划地对教练进行专题讲座方面的培训[270]。专题讲座对提高竞技体能教练核心素养水平具有很强的针对性,既可以涉及以体能训练基础理论、体能训练测试与评估等方面的专题讲座,也可以涉及职业发展、心理健康、沟通交流等方面的专题讲座。例如,竞技体能教练在运动队工作压力巨大,有时长年累月不能回家,长期面临着工作和家庭不能兼顾的冲突。在这样的工作环境下,容易造成竞技体能教练心理失衡,失去继续学习和进取的动力。竞技体能教练管理者应予以体能教练心理关注,通过有效的心理干预,引导竞技体能教练正确面对压力,积极进行自我调整,避免"职业倦怠"现象出现。总之,通过邀请相关专家开展有关不同主题专题讲座,使体能教练掌握以上的知识和能力,帮助他们树立积极、进取和健康的心态,引导他们从不同方面提升自己的核心素养。

8.4.3 学术交流

各运动队应经常组织体能教练参加高水平的学术会议,学习高水平体能教练的训练理念、训练方法,来提高自己的训练能力和专业素养。目前,国内比较有影响力的体能训练学术会议有北京体能协会每年举办的北京体能大会、北京体育大学每年举办的国际体能大会以及武汉体育学院每年举办的中国体能大会,他们都会邀请国际上知名的体能训练专家向大家讲解当前最先进的体能训练理念和研究成果,各运动队应积极鼓励和支持体能教练参加有关类似的学术交流会议,促使体能教练不断提升自己的核心素养水平。

8.4.4 考察学习

考察学习是提升竞技体能教练核心素养水平的重要方式,有关运动队可以派遣体能教练到国内或国外高水平运动队进行考察学习,如学习高水平运动队的体能教练是如何训练的,是如何与运动员进行沟通交流的,是如何进行科研创新的,这对我国竞技体能教练核心素养的全面提升具有积极的作用。例如,我国为了备战 2008 年北京奥运会,派出一些竞技体能教练到美国进行考察学习,不仅改变了他们对体能训练的认知,还开拓了他们的体能训练思路。因此,国家应每年选派一部分体能教练到美国、英国、澳大利亚等体能训练水平先进的国家进行考察学习,从而不断提高我国竞技体能教练整体素养水平。

8.4.5 短期培训

研究指出,教练只有通过不断培训学习,才能不断提高自身的专业素养[271]。短期培训是继续教育的一种重要形式,相对于其他形式的继续教育更具有针对性和系统性,对提高竞技体能教练专业素养发展具有积极的促进作用。我们在设置短期培训内容时,应避免以传统的简单的传授知识为主,避免抽象的理论知识教育,应当结合竞技体能教练在生活和工作中的具体境遇为案例,进行短期培训。这样的培训更具有情境性、应用性和实践性,更有利于提高竞技体能教练的体能训练认知能力、专业实践能力、沟通合作能力等,从而真正帮助竞技体能教练提升核心素养水平。

8.4.6 集体反思

反思是人类活动的一种高级形式,是人类不断发展的"钥匙"。每个人的进步,都是在不断反思和不断改进的过程中实现的。竞技体能教练核心素养的提升并非一朝一夕,而是在不断学习、实践、反思中历练、总结实现的。竞技体能教练通过反思,可以正确地认识自我、客观地评价自我,从而发现自己的不足,及时改进,不断提升自己的专业实践能力[272]。集体反思作为反思的一种组织形式,是提升竞技体能教练核心素养水平的有效路径,但在现实生活中往往被忽视。集体反思可以帮助竞技体能教练更加客观地认识和评价自我,最大限度避免主观臆断,真正发现自身的不足,帮助竞技体能教练实现仅通过个人努力而难以达到的目标。因此,在运动队竞技体能教练除了自我反思外,应加强集体反思,在集体的反思与交流中共同进步,不断提升自身的核心素养水平。

8.5 优化竞技体能教练的职业发展环境

我国竞技体能教练核心素养整体水平不高,不仅有主观因素的影响,更有客观环境的影响。在前文竞技体能教练核心素养影响因素研究中可知,竞技体能教练职业环境是竞技体能教练核心素养发展水平的关键变量。注意焦点理论也认为:个体的心境和行为容易受到自身所处情境的影响,而情境则包括个体所处的环境及来自周围的支持。要想竞技体能教练不断提升自己的核心素养水平,就必须给予竞技体能教练一个良好的职业发展环境。对竞技体能教练而言,良好的职业发展环境和文化氛围有利于提升竞技体能教练职业认同感和职业幸福感,从而促使竞技体能教练更加认可体能教练职业,更加以饱满的精神全身心投入体能训练工作中,以取得最佳的工作效能。同时,竞技体能教练核心素养不仅包括知识和能力等显性素养,也包括情感和态度等隐性素养。显性素养可以归结于智力因素,易于测量和评价;隐性素养可以归结于非智力因素,更抽象、更复杂,不易于测量和评价,很难短时间通过教学、培训等提升,更多需要职业发展环境的浸润和滋养。

通过对体能教练现状分析与影响因素分析证实,职业环境是影响我国竞技体能教练核心素养水平的重要因素。目前,我国竞技体能教练的职业环境是不太乐观的,其主要原因是社会支持和运动队支持力度不够,没有营造出积极向上的职业发展氛围。在这样的职业发展环境下,既不利于竞技体能教练显性素养的培养,也不利于隐性素养的发展。社会支持是指在特定的社会网络下,通过运用多种手段对个体进行指导或帮助的选择性社会行为。良好的社会支持,有利于提升竞技体能教练的职业认同度，激发竞技体能教练的工作热情和态度。同样，运动队的支持对竞技体能教练情感、态度和价值观的培养也具有非常重要的影响。然而，现实情况是竞技体能教练在获得社会支持和运动队的支持方面还不够，使得竞技体能教练职业发展环境不容乐观。社会支持方面，竞技体能教练在社会上认可度不高，社会地位较低，使得竞技体能教练的外部支持较少，如体能训练的科研环境缺乏，在一定的程度上影响竞技体能教练的工作态度。运动队支持方面，主要存在的问题就是有些主管领导和主教练对体能训练不重视，使得竞技体能教练在教练团队的地位不高。没有话语权，被边缘化，使得竞技体能教练缺少职业存在感，影响竞技体能教练态度、情感和价值观的塑造。因此，我们应优化竞技体能教练职业发展环境的建设，创设一个良好的竞技体能教练职业发展文化氛围，提升竞技体能教练的认同感、幸福感和成就感，从而提升竞技体能教练的核心素养。

9 研究结论

（1）竞技体能教练核心素养是指在竞技体育中从事体能训练活动并以提高专业运动员运动表现为目标的专业人士所应具备的、能够适应职业和社会发展的关键能力与必备品格。

（2）基于质性研究构建的我国竞技体能教练核心素养概念模型由竞技体能教练职业信念、专业知识与能力、沟通与合作能力及自主发展能力4个维度构成。职业信念是竞技体能教练践行训练指导活动的精神力量，是竞技体能教练专业发展的动力源泉，属于竞技体能教练应具备的基本核心素养；专业知识与能力和沟通与合作能力，是竞技体能教练应具备的工具性核心素养，对应的是工具性价值；自主发展能力是竞技体能教练应具备的个体性核心素养，必须通过个体自主努力才能实现的素养，对应的是个体性价值。

（3）《竞技体能教练核心素养量表》由竞技体能教练职业信念、专业知识与能力、沟通与合作能力和自主发展能力等4个维度构成。经检验，《竞技体能教练核心素养量表》具有较高的信效度，可作为评价我国竞技体能教练核心素养的测量工具。

（4）我国竞技体能教练核心素养在性别、学历、执教时间和执教类型等变量上存在差异，男性、博士学历、执教时间11年以上及国家队的竞技体能教练核心素养水平更高。

（5）探讨了我国竞技体能教练核心素养的影响因素机制，职业环境和成就动机是竞技体能教练核心素养的主要影响因素；成就动机在竞技体能教练职业环境对竞技体能教练核心素养影响过程中具有中介作用。

（6）根据我国竞技体能教练核心素养发展情况和影响因素，制定了我国竞技体能教练核心素养的提升策略，主要包括：加快制定我国竞技体能教练专业素养标准,建立基于专业素养标准的竞技体能教练资格认证体系,建立专家和竞技体能教练专业合作的学习共同体,建立竞技体能教练核心素养发展继续教育体系,优化竞技体能教练的职业发展环境。

参考文献

[1] 袁守龙. 体能训练发展趋势和数字化智能化转型[J]. 体育学研究,2018,(2):77.

[2] 钟秉枢,黄诗薇. 交融共享,五色回味——2007年全球教练员大会杂感[J]. 中国体育教练员,2007,(4):28—29.

[3] Nicholas Ratamess. ACSM基础肌力与体能训练[M]. 林嘉志等译. 台湾:艺轩图书出版社,2014.

[4] 赵志英,郑晓鸿. 对"体能"的探析[J]. 北京体育师范学院学报,1999,(1):44—46.

[5] 田雨普. 体能及相关概念辨析[J]. 哈尔滨体育学院学报,2000,18(2):1—3.

[6] 田麦久. 运动训练学[M]. 北京:高等教育出版社,2002.

[7] 袁运平,王卫. 运动员体能结构与分类体系的研究[J]. 首都体育学院学报,2003,15(2):24—28.

[8] 李春雷. 我国体能训练反思与奥运会备战展望[J]. 体育学研究,2019,(4):60—68.

[9] 田麦久. 论运动训练计划[M]. 北京:北京体育大学出版社,1999.

[10] 黎涌明,缪律,尹晓峰,等. 我国体能训练亟待行业建设[J]. 中国体育教练员,2017,25(04):39—40.

[11] Becoming a UKSCA Accredited Strength and Conditioning Coach (ASCC) [EB/OL]. [2018-8-18]. https://www.uksca.org.uk/develop-career.

[12] 宋旭峰. 我国体能教练专业化培养体系研究[D]. 石家庄:河北师范大学博士学位论文,2012:33.

[13] Anthony Turner,Paul Comfort. Advanced Strength and Conditioning:An Evidence-Based Approach[M]. New York:Routledge,2017:1-3.

[14] 李春雷.我国体能训练反思与奥运会备战展望[J].体育学研究,2019,(04):60—69.

[15] 蔡清田.核心素养——十二年国教课程改革的 DNA[M].台北:高等教育文化实业有限公司,2014.

[16] 张华.论核心素养的内涵[J].全球教育展望,2016,45(4):10—24.

[17] 左璜.基础教育课程改革的国际趋势:走向核心素养为本[J].课程·教材·教法,2016(2):39—46.

[18] 杨向东.核心素养与我国基础教育课程改革的深化[J].上海课程教学研究,2016(2):3—8.

[19] 林崇德.中国学生发展核心素养:深入回答"立什么德、树什么人"[J].人民教育,2016(19):14—16.

[20] 钟启泉.核心素养的核心在哪里——核心素养研究的构图[N].中国教育报,2015-04-01(007)

[21] 辛涛,姜宇,刘霞.我国义务教育阶段学生核心素养模型的构建[J].北京师范大学学报(社会科学版),2013,(1):5—11.

[22] 尹军,于勇,蔡有志.对我国部分项目优秀教练员能力结构的研究[J].中国体育科技,2001,(10):46—47+50.

[23] 张鹏.我国高水平游泳教练员执教能力体系的建立及现状研究[D].北京:北京体育大学硕士学位论文,2004.

[24] 孔德杰.我国跳水教练员执教能力评价指标体系的调查研究[J].南京体育学院学报(自然科学版),2010(3):73—75.

[25] 王峰.教练员执教能力的理想追求:真善美统一[J].中国体育教练员,2014(4):39—41.

[26] 钟秉枢.简析教练员的知识、能力与素质[J].运动,2013(7):1—3.

[27] 黎涌明,陈小平.功能性动作测试(FMS)应用现状[J].中国体育科技,2013,49(6):105—111.

[28] 李燕.体能教练员职业准入的理论与实践[D].石家庄:河北师范大学博士学位论文,2015:1—2.

[29] 袁守龙.体能训练发展趋势和数字化智能化转型[J].体育学研究,2018,(2):77.

[30] 李春雷.我国体能训练反思与奥运会备战展望[J].体育学研究,2019,(04):60—69.

[31] 高炳宏.我国现代体能训练的现状、问题与发展路径[J].体育学研究,2019,2(02):73—81.

[32] 魏飚,霍鹏翔.对我国拳击项目体能教练培养的研究[J].科学大众·科学教育,2013(10):160.

[33] 赵炎.美国体能训练发展的特点及启示[J].运动,2018(05):16—25.

[34] 母毅刚.对体能教练课程构建的研究[J].当代体育科技,2016,6(25):62—63.

[35] 郭勇.竞技体育体能教练能力素质分析[J].运动,2012,(03):24—25.

[36] 国家体育总局教练员学院.体能教练员培训教程[M].北京:北京体育大学出版社,2014:9—15.

[37] 李春雷.我国体能训练反思与奥运会备战展望[J].体育学研究,2019,(4):60—68.

[38] 赵海波.我国体能教练实践能力构成体系及发展策略研究[D].北京:北京体育大学博士学位论文,2020:90.

[39] 黎涌明,曹晓东,王雄,等.合格体能教练的职业素养[J].中国体育教练员,2016(03):15—17.

[40] 乔鹤,徐晓丽.国际组织全球教育治理的路径比较研究——基于核心素养框架的分析[J].比较教育研究,2019,(8):53.

[41] 蔡清田.核心素养——十二年国教课程改革的DNA[M].台北:高等教育文化实业有限公司,2014:56.

[42] 王俊民,丁晨晨.核心素养的概念与本质探析——兼析核心素养与基础素养、高阶素养和学科素养的关系[J].教育科学,2018,34(1):33.

[43] 褚宏启.核心素养的概念与本质[J].华东师范大学学报(教育科学版),2016(1):1—3.

[44] 褚宏启.核心素养的真义[J].湖北教育,2017,(6):1.

[45] 张华.论核心素养的内涵[J].全球教育展望,2016,45(4):10—24.

[46] 核心素养研究课题组. 中国学生发展核心素养[J]. 中国教育学刊,2016,(10):1—3.

[47] 王潇晨,张善超. 教师核心素养的框架、内涵与特征[J]. 教学与管理,2020,(1):8.

[48] 惠中. 基于"标准"的小学教师核心素养的培育[J]. 中国德育,2017(5):48—55.

[49] 傅兴春. 试论教师的核心素养和教育教学技能[J]. 福建基础教育研究,2015,(11):3—5.

[50] 葛建定. 创新力:教师应具备的核心素养[J]. 教育测量与评价,2011,(11):60—61

[51] 邢志新. 基于教师核心素养的联片教研策略研究[J]. 现代中学教育,2017,33(5):83—85

[52] Cote,J. & Gilbert,W. (2009). An integrative definition of coaching effectiveness and expertise. International Journal of Sports Science & Coaching,4(3),307-322.

[53] Jones, R. L., Armour, K. M. and Potrac, P., Constructing Expert Knowledge: A Case Study of a Top-level Professional Soccer Coach,Sport,Education,and Society. 2003(8):213-229.

[54] Marback, T., Short, S., Short, M. & Sullivan, P. (2005). Coaching confidence:An exploratory investigation of sources and gender differences. Journal Sport Behavior,28(1):18-35.

[55] Côté,J. and W. Gilbert,An Integrative Definition of Coaching Effectiveness and Expertise. International Journal of Sports Science & Coaching,2009. 4(3):p. 307-323.

[56] Abraham, A., Collins, D. and Martindale, R., The Coaching Schematic: Validation through Expert Coach Consensus, Journal of Sports Sciences,2006,24(6):549-564.

[57] Understanding Sports Coaching:The Social,Cultural and ? Pedagogical Foundations of Coaching Practice, 2nd edn., Routledge, London,2009.

[58] Strength and Conditioning Coach Accreditation Courses[EB/OL]. [2019-9-19].

[59] Triplett N T,Chandler B. NSCA Strength and Conditioning

Professional Standards and Guidelines[J]. Strength and Conditioning Journal,2017,39(6):1-24.

[60] Becoming a UKSCA Accredited Strength and Conditioning Coach (ASCC) [EB/OL]. [2019-8-18]. https://www.uksca.org.uk/develop-career.

[61] 赵海波. 美、英、澳体能教练职业认证的经验与启示[J]. 河北体育学院学报,2021,35(3):83—90.

[62] Dorgo S. Unfolding the practical knowledge of an expert strength and conditioning coach[J]. International Journal of Sports Science and Coaching,2009,4(1):17-30.

[63] Daniel Baker. INTERVIEWS WITH SOME OF THE ASCA's AND THE WORLD's LEADING STRENGTH & CONDITIONING COACHES [J]. Journal of Australian Strength and Conditioning,2015,23(2):87-90.

[64] Greener,Trent,Petersen,Drew,Pinske,Kim. Traits of Successful Strength and Conditioning Coaches[J]. Strength & Conditioning Journal,2013,35(1):90-94.

[65] Magnusen MJ. Differences in strength and conditioning coach self-perception of leadership style behaviors at the National Basketball Association, Division I-A, and Division II levels[J]. J Strength Cond Res,2010,24(6):1440-1450.

[66] Jon N.,Comfort,Paul,Fawcett,Tom. The Perceived Psychological Responsibilities of a Strength and Conditioning Coach[J]. J Strength Cond Res,2018,32(10):2853-2862.

[67] Gallo GJ,De Marco GM Jr. Self-assessment and modification of a division I strength and conditioning coach's instructional behavior[J]. J Strength Cond Res,2008,22(4):28-35.

[68] Warren Young. A self-evaluation tool for professional development for strength and conditioning coaches[J]. Journal of Australian Strength and Conditioning,2017,25(2):29-30.

[69] Ian Jeffreys, PhD, FNSCA, CSCS*D, RSCC*D, NSCA-CPT*D. The Five Minds of the Modern Strength and Conditioning Coach: The Challenges for Professional Development[J]. Strength and conditioning

journal,2014,36(1):2-8.

[70] Massey,Dwayne. Program for Effective Teaching: A Model to Guide Educational Programs in Strength and Conditioning[J]. Strength and Conditioning Journal,2010,32(5):79-85.

[71] Szedlak. Exploring the In?uence and Practical Development of Coaches' Psychosocial Behaviors in Strength and Conditioning[J]. Strength & Conditioning Journal,2019,41(2):8-10.

[72] David P. Hedlund,Carol A. Fletcher,Sean Dahlin. Comparing Sport Coaches' and Administrators' Perceptions of the National Standards for Sport Coaches[J]. Physical Educator,2018,75(1):1-24.

[73] Meir R,Nicholls A R. Applying a Research Ethics Model to the Practice of Being a Strength and Conditioning Coach[J]. Strength and Conditioning Journal,2018,40(6):82-89.

[74] Triplett N T,Chandler B. NSCA Strength and Conditioning Professional Standards and Guidelines[J]. Strength and Conditioning Journal,2017,39(6):1-24.

[75] Andy Gillham, Michael Doscher, Jim Krumpos, Michelle Martin Diltz. A Roundtable with College Strength and Conditioning Coaches:Working with Sport Coaches[J]. International Sport Coaching Journal,2019,(6):98-109.

[76] Greener T, Petersen D, Pinske K. Traits of Successful Strength and Conditioning Coaches [J]. Strength and Conditioning Journal,2013,35(1):90-93.

[77] Steven J Foulds,Samantha M Hoffmann PhD,Kris Hinck2 & Fraser Carson PhD,Daniel Baker. ELITE ATHLETES PERCEPTIONS OF STRENGTH AND CONDITIONING COACHES[J]. Journal of Australian Strength & Conditioning,2018,26(6):32.

[78] https://www. icce. ws/projects/international-sport-coaching-framework.html.

[79] Andy Gillham, Michael Doscher, Craig Fitzgerald. Strength and conditioning roundtable:Strength and conditioning coach evaluation[J]. International Journal of Sports Science & Coaching,2017,12(5):635-646.

[80] Warren Young. A self-evaluation tool for professional devel-

opment for strength and conditioning coaches[J]. Journal of Australian Strength and Conditioning,2017,25(2):29-30.

[81] 刘永凤. 国际"核心素养"研究的最新进展及启示[J]. 全球教育展望,2017,46(2):32.

[82] OECD. The Well-being of Nations:the Role of Human and Social Capital [R]. Paris,2001:18.

[83] OECD Publication Identifies Key Competencies for Personal, Social, and Economic Well-Being [EB/OL]. http://148.228.165.6/fpes/OECD.pdf

[84] Lin, Vivian. Review of: Key competencies for successful life and well-functioning society[J]. Australian and New Zealand Journal of Public Health,2004,28(3):25-29

[85] OECD. The Definition and Selection of Key Competencies: Executive Summary[R]. 2005:4,5,10-15.

[86] Rychen, D. S. & Salganik, L. H. Definition and Selection of Competences (DeSeCo): Theoretical and Conceptual Foundations: Strategy Paper[M]. Swiss Federal Statistical Office,2002.

[87] Dominique, Simone, Rychen, et al. Key competencies for a successful life and a well-functioning society[M]. Hogrefe & Huber Pub,2003.

[88] Gordon,J. ,Halasz,G. ,Krawczyk,M. ,et al. Key Competences in Europe:Opening Doors for Lifelong Learners Across the School Curriculum and Teacher Education[R]. Social Science Electronic Publishing, 2009(0087)

[89] J Gordon,G Halász,M Krawczyk,et al. Key competences in Europe:Opening Doors for lifelong learners across the school curriculum and teacher education[J]. Case Network Reports,2009,(1):87.

[90] 乔鹤,徐晓丽. 国际组织全球教育治理的路径比较研究——基于核心素养框架的分析[J]. 比较教育研究,2019,(8):55.

[91] UNESCO Institute for Statistics,Center for Universal Education at Brookings. Toward Universal Learning:What Every Child should Learn [R/OL]. (2017-10-10)[2017-10-10]. http://unesdoc.unesco.org/images/0021/002197/219763e.pdf.

[92] European Commission. Recommendation 2006/962/EC of the European Parliament and the Council of 18 December 2006 on Key Competences for Lifelong Learning，OJ L394，30.12.2006[EB/OL]. http://europa. eu/legislation summaries/education training youth/lifelong learning/c11090 en. htm.

[93] Barth，M.，Godemann，J，Rieckmann，M.，et al. Developing Key Competencies for Sustainable Development in Higher Education[J]. International Journal of Sustainability in Higher Education，2007，8(2)：416-430.

[94] Rieckmann M. Future-oriented Higher Education：Which Key Competencies Should be Fostered Through University Teaching and Learning[J]. Futures，2011，44(2)：127-135.

[95] Wiek，A.，Withycombe，L. & Redman，C. L. Key Competencies in Sustainability：A Reference Framework for Academic Program Development[J]. Sustainability Science，2011，6(2)：203-218.

[96] 张娜. 三大国际组织核心素养指标框架分析与启示[J]. 教育测量与评价，2017(7)：44.

[97] David C，McClelland. Testing for competence rather than for intelligence[J]. American Psychologist，1973，28：1-14.

[98] Lyle M·Spencer，Sige M. Spencer. 才能评鉴法：建立卓越的绩效模式[M]. 魏梅金译，汕头：汕头大学出版社，2003.

[99] Tashakkkori，A. & Creswell，J. W. 混合方法研究：设计与实施[M]. 游宇，陈福平译. 重庆：重庆大学出版社，2017：48—50.

[100] Tashakkkori，A. & Creswell，J. W. 混合方法研究：设计与实施[M]. 游宇，陈福平译. 重庆：重庆大学出版社，2017：59.

[101] 张力为. 心理学研究的七个方向：以运动性心理疲劳为例[J]. 体育科学，2010，30(10)：3—12.

[102] 陈向明. 质的研究方法与社会科学研究[M]. 北京：教育科学出版社，2000.

[103] Michael Quinn Patton. Qualitative Evaluation and Research Methods[M]. Newbury Park，CA：Sage，1990.

[104] 章崇会. 中国竞技体育教练员自我职业生涯管理研究[D]. 武汉：华中师范大学博士学位论文，2011：38.

[105] Gephart R P. Qualitative research and the academy of management journal[J]. Academy of Management Journal, 2004,(47): 454-462.

[106] Strauss A L, Corbin J. Basics of qualitative research: grounded theory procedures and techniques[M]. Newbury Park, CA: Sage Publications Ltd, 1990.

[107] 吴刚. 工作场所中基于项目行动学习的理论模型研究——扎根理论方法的应用[D]. 上海: 华东师范大学博士学位毕业论文, 2013: 66.

[108] 赵海波. 我国体能教练实践能力构成体系及发展策略研究[D]. 北京: 北京体育大学博士学位论文, 2020: 90.

[109] Glaser, B. & Holton, J. The Grounded Theory Seminar Reader[M]. Mill Valley: Sociology Press, 2007.

[110] 于兆吉, 张嘉桐. 扎根理论发展及应用研究评述[J]. 沈阳工业大学学报(社会科学版), 2017, 10(01): 58—63.

[111] 杜伟宇. 从知识到创新——知识的学习过程与机制[M]. 上海: 上海财经出版社, 2007.

[112] Ericsson, K. A. and Lehmann, A. C., Expert and Exceptional Performance: Evidence of Maximal Adaptation of Task Constraints[J]. Annual Review of Psychology, 1996, 47: 273-305.

[113] 杨威. 访谈法解析[J]. 齐齐哈尔大学学报(哲学社会科学版), 2001, (4): 114—117.

[114] Burke Johnson, Larry Christensen. 教育研究: 定量、定性和混合方法(第四版)[M]. 马健生译, 重庆: 重庆大学出版社, 2019.

[115] Starks H, Trinidad BS. Choose Your Method: A Comparison of Phenomenology, Discourse Analysis and Grounded Theory[J]. Qualitative Health Research, 2007, 17(10): 1372-1380.

[116] 陈向明. 质的研究方法与社会科学研究[M]. 北京: 教育科学出版社, 2000.

[117] 尹志华. 中国体育教师专业标准体系的探索性研究[D]. 上海: 华东师范大学, 2014: 221.

[118] [英]凯西·卡麦兹. 建构扎根理论: 质性研究实践指南[M]. 边国英译, 重庆: 重庆大学出版社, 2009.

[119] 胡幼慧. 质性研究: 理论、方法及本土女性研究实例[M]. 台

北:巨流出版社,1996.

[120] 尹志华. 中国体育教师专业标准体系的探索性研究[D]. 上海:华东师范大学,2014.

[121] 章崇会. 教练自我职业生涯管理本土化研究[M]. 重庆:重庆大学出版社,2020.

[122] [英]凯西·卡麦兹. 建构扎根理论:质性研究实践指南[M]. 边国英译,重庆:重庆大学出版社,2020.

[123] 郭玉霞,刘世闵,王为国,等. 质性研究资料分析:NVivo8活用宝典[M]. 台湾:高等教育文化事业有限公司,2009.

[124] MILES M B, HUBERMAN A M. Qualitative Data Analysis: An Expended Sourcebook[M]. 2nd ed. Sage Press,1994.

[125] 朱炎军. 高校卓越教师教学学术能力的结构模型研究——基于扎根理论的研究方法[J]. 高教探索,2021,(07):57—64.

[126] 黄正平. 教育信念:教师专业发展的内在要求[J]. 当代教育论坛,2002,(04):74—77.

[127] Ian. The Five Minds of the Modern Strength and Conditioning Coach: The Challenges for Professional Development[J]. Strength & Conditioning Journal,2014,36(1):2-8.

[128] 顾玉飞. 谈教练员的职业道德[J]. 安徽体育科技,2001,(02):109—110.

[129] Meir R, Nicholls A R. Applying a Research Ethics Model to the Practice of Being a Strength and Conditioning Coach[J]. Strength and Conditioning Journal,2018,40(6):82-89.

[130] 黎涌明,曹晓东,王雄,等. 合格体能教练的职业素养[J]. 中国体育教练员,2016,(3):17.

[131] Greener T, Petersen D, Pinske K. Traits of Successful Strength and Conditioning Coaches[J]. Strength and Conditioning Journal,2013,35(1):90-93.

[132] Bloom, G. A. (2002). Coaching demands and responsibilities of expert coaches. In J. M. Silva and D. E. Stevens(Eds.), Psychological foundations of sport (pp. 438-465). Boston, MA: Allyn & Bacon.

[133] Nash C, Collins D. Tacit Knowledge in Expert Coaching: Science or art? [J]. Quest,2006,(58):464-476.

[134] Dorgo S. Unfolding the practical knowledge of an expert strength and conditioning coach[J]. International Journal of Sports Science and Coaching,2009,4(1):17-30.

[135] Potrac P,Brewer C,Jones R,et al. Toward a Holistic Understanding of the Coaching Process[J]. Quest,2000,52(2):186-199.

[136] Potrac P,Brewer C,Jones R,et al. Toward a Holistic Understanding of the Coaching Process[J]. Quest,2000,52(2):186-199.

[137] Kleiner,D. M. ,Strength and Conditioning Education for the 21st Century[J]. Strength and Conditioning Journal,1999,21:7-8.

[138] Mcguigan M R,Tatasciore M,Newton R U,et al. Eight Weeks of Resistance Training Can Significantly Alter Body Composition in Children Who Are Overweight or Obese[J]. The Journal of Strength and Conditioning Research,2009,23(1):80-85.)

[139] Greer B K,White J P,Arguello E M,et al. Branched-chain Amino Acid Supplementation Lowers Perceived Exertion but Does Not Affect Performance in Untrained Males[J]. Journal of Strength and Conditioning Research,2011,25(2):539-544.

[140] 国家体育总局科教司. 现代教练员科学训练理论与实践[M]. 北京:人民体育出版社,2015.

[141] Doran GT. There's a SMART way to write management's goals and objectives[J]. Manage Rev,1981(70):35-36.

[142] 钟秉枢. 教练学[M]. 北京:高等教育出版社,2019.

[143] Gilson T A,Chow G M,Ewing M E. Using Goal Orientations to Understand Motivation in Strength Training[J]. Journal of Strength and Conditioning Research,2008,22(4):1169-1175.

[144] Wade Gilbert. 高水平教练执教手册——年度执教周期的整体规划、训练方法与评估[M]. 常喜,张旭译. 北京:人民邮电出版社,2019.

[145] National Strength and Conditioning Association. 美国国家体能协会体能测试评估与指南[M]. 高炳宏,杨涛译. 北京:人民邮电出版社,2019.

[146] 体育总局关于印发《竞技体育"十三五"规划》的通知[EB/OL]. http://www.chinanews.com/ty/2016/08-30/7988450.shtml.

[147] Simenz,CJ,Dugan,CA,and Ebben,WP. Strength and condi-

tioning practices of National Basketball Association strength and conditioning coaches. J Strength Cond Res,2005,(19):495-504.

[148] Nicholas Ratamess. ACSM 体能训练概论[M]. 李丹阳,李春雷,王雄译. 北京:人民卫生出版社,2018.

[149] 王家力. 我国教练员教育的发展与改革对策研究[D]. 武汉:华中师范大学博士学位论文,2015.

[150] Michael Boyel. 体育运动中的功能性训练[M]. 张丹玥,王雄译. 北京:人民邮电出版社,2017.

[151] Michael Boyle. 体育运动中的功能性训练[M]. 张丹玥,王雄译. 北京:人民邮电出版社,2019.

[152] Talpey S W, Siesmaa E J. Sports Injury Prevention: The Role of the Strength and Conditioning Coach[J]. Strength and conditioning journal,2017,39(3):1.

[153] 王光明,黄蔚,吴立宝,卫倩平. 教师核心素养和能力双螺旋结构模型[J]. 课程. 教材. 教法,2019,39(9):135.

[154] Drewe, Bergmann S. An Examination of the Relationship Between Coaching and Teaching[J]. Quest,2000,52(1):79-88.

[155] Bain L L, Wendt J C. Undergraduate Physical Education Majors Perceptions of the Roles of Teacher and Coach[J]. Research Quarterly for Exercise and Sport,1983,54(2):112-118.

[156] Triplett N T, Chandler B. NSCA Strength and Conditioning Professional Standards and Guidelines[J]. Strength and Conditioning Journal,2017,39(6):1-24.

[157] Becoming a UKSCA Accredited Strength and Conditioning Coach (ASCC) [EB/OL]. [2021-8-18]. https://www.uksca.org.uk/develop-career.

[158] 孙建敏,李原. 组织行为学[M]. 上海:复旦大学出版社,2005.

[159] 闫燕,张宏杰. 教练员的执教艺术[J]. 中国体育教练员,2015,23(02):48—49.

[160] Drewe, Bergmann S. An Examination of the Relationship Between Coaching and Teaching[J]. Quest,2000,52(1):79-88.

[161] 章崇会. 中国竞技体育教练员自我职业生涯管理研究[D].

武汉:华中师范大学博士学位论文,2011:78.

[162] 李卫. 国家级运动队复合型训练团队运行机制与组织策略[J]. 首都体育学院学报,2012,24(04):299—302.

[163] Tod D A,Bond K A,Lavallee D. Professional Development Themes in Strength and Conditioning Coaches[J]. Journal of Strength and Conditioning Research,2012,26(3):851-860.

[164] 王国庆. 执着与坚守——体操执教成功之路[M]. 北京:北京体育大学,2018.

[165] 叶绿,王斌,刘尊佳等. 教练员——运动员关系对运动表现满意度的影响——希望与运动投入的序列中介作用[J]. 体育科学,2016,36(07):40—48.

[166] Fraser Carson, Steven Foulds, Samantha Hoffmann, Kris Hinck. Discussing the knowledge gap of coach-athlete relationships within strength and conditioning[J]. Journal of Australian Strength & Conditioning,2019,27(03):40-46.)

[167] Douge B,Hastie P. Coach effectiveness[J]. Sports Science Review,1993,2(2):114-129.

[168] Fraser Carson, Steven Foulds, Samantha Hoffmann, Kris Hinck. Discussing the knowledge gap of coach-athlete relationships within strength and conditioning[J]. Journal of Australian Strength & Conditioning,2019,27(03):40-46.

[169] Jowett S,Meek G A. The coach-athlete relationship in married couples:An exploratory content analysis[J]. The Sport Psychologist,2000,(14):157-175.

[170] Nash C,Sproule J. Insights into Experience:Reflections of an Expert and Novice Coach[J]. International Journal of Sports Science and Coaching,2011,16(3):149-162.

[171] Trudel P,Bernard D. Systematic observation of youth ice hockey coaches during games[J]. Journal of Sports Behavior,1996,(19):50-66.

[172] Gilbert W. Coaching Better Every Season:A Year-Round System for Athlete Development and Program Success[M]. Champaign:Human Kinetics,2017.

[173] Kontor, Ken. EDITORIAL:Defining a profession[J]. National

Strength and Conditioning Association Journal,1989,11(4):75-75.

[174] Pullo F M. A Profile of NCAA Division I Strength and Conditioning Coaches[J]. Journal of Applied Sport Science Research,1992,6:55-62.

[175] 朱旭东. 论教师的全专业属性[J]. 教育发展研究,2017(5):1—7.

[176] 白银龙,舒盛芳,聂锐新. 日本备战东京奥运会主要举措及启示[J]. 体育文化导刊,2019(12):89—96.

[177] Ian. The Five Minds of the Modern Strength and Conditioning Coach: The Challenges for Professional Development[J]. Strength & Conditioning Journal,2014,36(1):2-8.

[178] 陈小蓉. 创新——高水平教练员必备的能力[J]. 中国体育科技,1995,(01):44—45.

[179] 崔大林. 教练员的成功要素[J]. 中国体育教练员,2006,(1):10—12.

[180] Kraemer W J. Twenty Years and Still Growing[J]. The Journal of Strength & Conditioning Research,2006,20(1):5.

[181] Kraemer W J. Twenty Years and Still Growing[J]. The Journal of Strength & Conditioning Research,2006,20(1):5.

[182] Ian. The Five Minds of the Modern Strength and Conditioning Coach: The Challenges for Professional Development[J]. Strength & Conditioning Journal,2014,36(1):2-8.

[183] 刘伟光,孙永平. 关于我国教练员角色定位问题的研究[J]. 北京体育大学学报,2007,(01):132—134.

[184] Greener T, Petersen D, Pinske K. Traits of Successful Strength and Conditioning Coaches[J]. Strength and Conditioning Journal,2013,35(1):90-93.

[185] Malete C J, Trudel p, Lyle J, etal. Formal vs. Informal Coach Education[J]. International Journal of Sports Science & Coaching,2009,(04):325-336.

[186] NZ Curriculum Online. Key comnetencies[EB/OL]. http//pzcurriculum. Tki. Ore. pz/Key Comnpetencies,2017-01-16.

[187] 褚宏启. 核心素养的国际视野与中国立场——21世纪中国

的国民素质提升与教育目标转型[J]. 教育研究,2016,(11):8—18.

[188] David Haworth and Geoff Browne. Key Competencies. Second Edition[R].St. Leonard's:New South Wales TAFE Commission.1991/1992.

[189] 师曼,刘晟,刘霞,等.21世纪核心素养的框架及要素研究[J]. 华东师范大学学报(教育科学版),2016,(3):29—37.

[190] Szedlak C,Smith M J,Day MC,et al. Effective Behaviours of Strength and Conditioning Coaches as Perceivedby Athletes[J]. International Journal of Sports Science and Coaching, 2015,10(5):967-984.

[191]Stephenson B,Jowett S. Factors that influence the development of English youth soccer coaches[J]. International Journal of Coaching Science,2009,(3):3-16.

[192] Yong B W,Jemcxyk K,Brophy K. Discriminating skilled coaching groups:quantitative examination of developmental experience and activities[J]. International Journal of Sports Science & Coaching, 2009,3(4):397-416.

[193] Anderson A G,Knowles Z,Gilbourne D. Reflective Practice for Sport Psychologists:Concepts, Models, Practical Implications, and Thoughts on Dissemination[J]. The Sport Psychologist,2004,18(2):188-203.

[194] Gallo G J,Marco G M D. Self-Assessment and Modification of a Division I Strength and Conditioning Coach's Instructional Behavior [J].The Journal of Strength and Conditioning Research,2008,22(4):1228-1235.

[195] Gilbert, W. and Trudel ,P. ,Learning to Coach through Experience:Reflection in Model Youth Sport Coaches,Journal of Teaching in Physical Education,2001,21(1),16-34.

[196] 吴明隆. 问卷统计分析实务——SPSS 操作与应用[M]. 重庆:重庆大学出版社,2014.

[197] 张力为,毛志雄. 体育科学常用心理量表评定手册[M]. 北京:北京体育大学出版社,2010.

[198] 李响,邢清华,王小光,等. 指标体系的构建原理与评价方法研究[J]. 数学的实践与认识,2012,42(20):69—74.

[199] 吴明隆. 问卷统计分析实务——SPSS 操作与应用[M]. 重

庆:重庆大学出版社,2014.

[200] Rex B. Kline. Principles and Practice of Structural Equation Modeling:Fourth Edition[M]. New York:The Guilford Press,2015.

[201] 吴明隆. 问卷统计分析实务——SPSS 操作与应用[M]. 重庆:重庆大学出版社,2019.

[202] 邱皓政. 量化研究与统计分析——SPSS(PASW)数据分析范例解析[M]. 重庆:重庆大学出版社,2013.

[203] 何晓群. 多元统计分析[M]. 北京:中国人民大学出版社,2004.

[204] 王坤. 大学生体育锻炼习惯概念模型、测评方法和教育干预的研究[D]. 上海:华东师范大学博士学位论文,2011.

[205] 谢圣英. 中学数学教师的认识信念系统和教学监控能力及相关研究[D]. 南京:南京师范大学,2013:55.

[206] 张力为. 体育科学研究方法[M]. 北京:高等教育出版社,2014.

[207] 吴明隆. 问卷统计分析实务——SPSS 操作与应用[M]. 重庆:重庆大学出版社,2019.

[208] Davis,L L. Instrument review:getting the most from a panel of experts[J]. Applied Nursing Research,1992,5(4):194-197.

[209] Polit,DF,Beck,CT,Owen,SV. Is the CV I an acceptable indicator of content validity? Appraisal and recommendations[J]. Research in Nursing & Health,2007,30:459-467.

[210] 张亚南. 基于结构方程模型的职业人群健康素养现状及其与慢性病关系研究[D]. 武汉:武汉大学博士学位论文,2019:60—61.

[211] 吴明隆. 结构方程模型:AMOS 的操作与应用[M]. 重庆:重庆大学出版社,2015.

[212] 张夏雨. 高职院校数学教师核心素养研究[D]. 南京:南京师范大学博士学位论文,2018:107.

[213] 毛志雄. 中国部分项目运动员对兴奋剂的态度和意向:TRA 与 TPB 两个理论模型的验证[D]. 北京:北京体育大学博士学位论文,2001:29.

[214] Bagozzi R P and Edwards J R. A general approach for representing constructs in organizational research[J]. Organizational Research Methods,1998,(1):45-87.

[215] Hall R J,Snell A F,and Foust M S. Item parceling strategies in SEM:Investigating the subtle effects of unmodeled secondary constructs [J]. Organizational Research Methods,1999,(2):233-256.

[216] 吴明隆. 结构方程模型:AMOS 的操作与应用[M]. 重庆:重庆大学出版社,2015.

[217] 张力为. 心理学研究的七个方向:以运动性心理疲劳为例[J]. 体育科学,2010,30(10):3—12.

[218] 周浩. 球场观众自律研究[D]. 太原:山西大学博士学位论文,2020:74.

[219] 赵海波. 我国体能教练实践能力构成体系及发展策略研究[D]. 北京:北京体育大学博士学位论文,2020:121.

[220] C Dwayne Massey and John Vincent. A Job Analysis of Major College Female Strength and Conditioning Coaches[J]. The Journal of Strength and Conditioning Research,2012,27(7):2000-2012.

[221] 胡中晓. 中小学女性教师职业高原现象研究[D]. 成都:四川师范大学硕士学位论文,2016:43.

[222] 王砾. 云南省中学体育教师职业倦怠影响因素研究[D]. 昆明:云南师范大学硕士学位论文,2014:20.

[223] 张夏雨. 高职院校数学教师核心素养研究[D]. 南京:南京师范大学博士学位论文,2018:145.

[224] 钟秉枢. 简析教练员的知识、能力与素质[J]. 运动,2013(7):3.

[225] 张锐铧,万和荣. 国家队教练员队伍状况的调查与研究[J]. 中国体育教练员,2006,(3):28—29

[226] 赵海波. 我国体能教练实践能力构成体系及发展策略研究[D]. 北京:北京体育大学博士学位论文,2020:106.

[227] 黄丽娜. 北京高校排球代表队教练员执教现状的调查研究[D]. 北京:北京体育大学硕士学位论文,2010:15—16.

[228] Yong B W,Jemcxyk K,Brophy K. Discriminating skilled coaching groups:quantitative examination of developmental experience and activities[J]. International Journal of Sports Science & Coaching,2009,3(4):397-416.

[229] 章崇会. 教练自我职业生涯管理[M]. 重庆:重庆大学出版

社,2020.

[230] Gilbert,W.,Côté,J. & Mallett,C.,Developmental Paths and Activities of Successful Sport Coaches,International Journal of Sports Science and Coaching,2006,1,69-76.

[231] 石岩,孙立. 体育研究中"影响因素"研究方法刍议[J]. 体育学刊,2014,21(4):1—6.

[232] 刘兵. 职业教练:教练员队伍转型升级的必由之路[J]. 中国体育教练员,2014,(3):7—10.

[233] 刘鎏,王斌. 我国专业体育教练员胜任特征模型的研究[J]. 体育科学,2007,27(3):3—11.

[234] 金乾阳. 上海市高校高水平篮球运动员个人成就动机与团队认同感、运动投入的关系研究[D]. 上海:上海师范大学,2022:3

[235] Bronfenbrenner U. The ecology of human development[M]. Cambridge,MA:Harvard University Press,1979.

[236] 阎帅威. 我国竞技体育优秀教练员概况、问题与发展研究[D]. 北京:北京体育大学硕士学位论文,2012

[237] 章崇会. 教练自我职业生涯管理[M]. 重庆:重庆大学出版社,2020.

[238] 李富荣. 努力成为一名优秀的教练员[J]. 中国体育教练员,2002,(1):4—5.

[239] 杨桦,孙淑惠,舒为平,等. 坚持和进一步完善我国竞技体育举国体制的研究[J]. 北京体育大学学报,2004,27(5):577—582.

[240] 于文谦,常成,孔庆波. 再论举国体制的坚持与完善[J]. 体育文化导刊,2011,(3):5—8.

[241] 刘兵. 职业教练:教练员队伍转型升级的必由之路[J]. 中国体育教练员,2013,(4):7—10.

[242] Ralphfessler,Judith. 教师职业生涯周期:教师专业发展指导[M]. 董丽敏译. 北京:中国轻工业出版社,2005.

[243] 李春雷. 我国体能训练反思与奥运会备战展望[J]. 体育学研究,2019,(4):60—69.

[244] 黎涌明,陈小平. 功能性动作测试(FMS)应用现状[J]. 中国体育科技,2013,49(6):105—111.

[245] 陆雯. 心理学研究方法体系的探讨——对运动心理学研究

方法启示[J].沈阳体育学院学报,2003,(3):52—53.

[246] 文敏,甘怡群,蒋海飞等.成就动机与学业倦怠、学业投入:未来取向应对的纵向中介作用[J].北京大学学报(自然科学版),2014,50(2):388—396.

[247] 赵亚飞,翟乡平,张光旭等.成长型思维与坚毅的关系:未来时间洞察力和成就动机的链式中介作用[J].心理发展与教育,2022,38(2):216—222.

[248] Steel. The nature of procrastination: A meta-analytic and theoretical review of quintessential self-regulatory failure[J]. Psychological Bulletin,2007,133 (1):65-94.

[249] Lewin K. A dynamic theory of personality[M]. New York: McGraw-Hill,1935.

[250] Furnham A, Jaspars J. The evidence for interactionism in psychology: A critical analysis of the situation-response inventories[J]. Personality and Individual Difference,4(6):627-644.

[251] 高旭繁.华人在传统与现代生活情境中的传统与现代行为:人境互动论的观点[D].台北:台湾大学心理学研究所,2008.

[252] 杨国枢.我们为什么要建立中国人的本土心理学[J].本土心理学研究,1993,(1):6—8.

[253] 陈德云,周南照.教师专业标准及其认证体系的开发:以美国优秀教师专业标准及认证为例[J].教育研究,2013,(07):128—135.

[254] Triplett N T, Chandler B. NSCA Strength and Conditioning Professional Standards and Guidelines[J]. Strength and Conditioning Journal,2017,39(6):1-24.

[255] Sisley, B. L. , Wiese, D. M. Current status: Requirements for interscholastic coaches. Results of NAGWS/NASPE Coaching Certification Survey [J]. Journal of Physical Education, Recreation and Dance. 1997,58(7):73-85.

[256] Warren Young. A self-evaluation tool for professional development for strength and conditioning coaches[J]. Journal of Australian Strength and Conditioning,2017,25(2):29-30.

[257] 赵海波.我国体能教练实践能力构成体系及发展策略研究[D].北京:北京体育大学,2020:190.

[258] 柳鸣毅.国家体验治理体系和治理能力现代化的思考[J].国家治理,2016,(6):34—40.

[259] 闫亚茹,柳鸣毅,张毅恒等.英国职业体育教练员培养特征及启示[J].体育文化导刊,2019,(04):81—86.

[260] Greener T,Petersen D,Pinske K. Traits of Successful Strength and Conditioning Coaches[J]. Strength and Conditioning Journal,2013,35(1):90-93.

[261] National Strength and Conditioning Association:Recertification Policies& Procedures,2018-2020 Reporting Period[EB/OL].[2021-10-20]. https://www.nsca.com/certification/continuing-education/

[262] 王光明,张楠,李健,等.教师核心素养和能力的结构体系及发展建议[J].中国教育学刊,2019,(03):81—88.

[263] Daniel Baker. Interviews with some of the ASCA's and the World's Leading Strength & Conditioning Coaches[J]. Journal of Australian Strength and Conditioning,2015,23(2):87-90.

[264] 施良方.学习论(第2版)[M].北京:人民教育出版社,2001.

[265] Greener T,Petersen D,Pinske K. Traits of Successful Strength and Conditioning Coaches[J]. Strength and Conditioning Journal,2013,35(1):90-93.

[266] Irwin, G. , Hanton, S. and Kerwin, D. , The Conceptual Process of Skill Progression Development in Artistic Gymnastics,Journalof Sports Sciences,October 2005;23(10),1089-1099.

[267] Cushion,C. J. ,Armour,K. M. and Jones,R. L. ,Coach Education and Continuing Professional Development:Experience and Learning to Coach,Quest,2003,55,215-230.

[268] Bloom,G. A. ,Bush,N. ,Schinke,R. J. and Salmela,J. H. ,The Importance of Mentoring in the Development of Coaches andAthletes,International Journal of Sport Psychology,1998,29,267-289.

[269] Reade,I. ,Rodgers,W. & Spriggs,K. (2008). New ideas for high performance coaches:A case study of knowledge transfer in sport science. International Journal of Sports Science and Coaching,3(3),335-354.

[270] 国家体育总局. 2019 年全国教练员（岗位）培训计划的通知[Z]. 2019-01-24.

[271] 吴阳. 中国网球教练员执教能力及影响因素研究[D]. 上海：上海体育学院博士学位论文，2017：10.

[272] Germine L Taggart, Alfred P·Wilson. 提高教师反思力[M]. 赵丽译. 北京：中国轻工业出版社，2008.

附 录

附录 A 专家访谈提纲

1. 您在运动队服务过程中遇到最大挑战是什么？您当时是怎么解决的？
2. 您认为,您是如何处理与教练团队、运动员的关系？
3. 您认为,作为一名优秀的竞技体能教练应该具备哪些关键知识？
4. 您认为,作为一名优秀的竞技体能教练应该具备哪些关键能力？
5. 您认为,作为一名优秀的竞技体能教练应该具备哪些必备品格？
6. 您是基于什么样的标准来评价一个竞技体能教练的核心素养水平？
7. 您认为,高水平竞技体能教练与一般水平竞技体能教练的区别是？
8. 对一个刚入行的想要继续提升的竞技体能教练,您有什么样的发展建议？
9. 您认为,与欧美国家相比我国竞技体能教练整体素养偏低主要原因是什么？
10. 您认为,该如何来提高我国竞技体能教练整体核心素养水平？

附录B 我国竞技体能教练核心素养构成预试量表

尊敬的体能教练：

感谢您填答此问卷。我们正在进行我国竞技体能教练核心素养的内容结构研究，特设计本量表。以下选项是本研究认为竞技体能教练核心素养应包括的内容结构。如果您"完全不同意"我国竞技体能教练核心素养的某项具体内容，请在"完全不同意"所对应的"1"上打"√"，以此类推。

序号	描述	完全不同意	不同意	一般	同意	完全同意
A1	禁止给运动员提供违禁药物和兴奋剂	1	2	3	4	5
A2	热爱体能教练岗位	1	2	3	4	5
A3	能够遵守体能教练行为规范	1	2	3	4	5
A4	能够主动关心和爱护运动员	1	2	3	4	5
A5	能够全身心投入体能训练工作中	1	2	3	4	5
A6	能意识到自己从事体能训练工作的价值	1	2	3	4	5
A7	能意识自己通过努力就能实现自身价值	1	2	3	4	5
A8	在运动队从事体能训练工作中，能做到吃苦耐劳，具有奉献精神	1	2	3	4	5
A9	在运动队从事体能训练工作中，能做到知行合一，具有追求卓越的工匠精神	1	2	3	4	5
A10	熟练掌握体能训练运动科学知识（如运动生理学、功能解剖学、运动心理学等）	1	2	3	4	5
A11	熟练掌握体能训练实践性知识（如测试评估、力量、速度等实践性知识）	1	2	3	4	5

续表

序号	描述	完全不同意	不同意	一般	同意	完全同意
A12	具有运动员体能训练需求分析能力	1	2	3	4	5
A13	具有运动项目体能训练需求分析能力	1	2	3	4	5
A14	具有良好的体能训练计划设计与实施的能力	1	2	3	4	5
A15	能熟练运用体能训练方法、手段和仪器设备	1	2	3	4	5
A16	熟练掌握力量、速度、耐力、身体功能训练等运动技能	1	2	3	4	5
A17	具有良好的体能训练动作操作能力	1	2	3	4	5
A18	具有较好的专项运动能力	5	5	5	5	5
A19	具有良好的体能训练测试与评估能力	1	2	3	4	5
A20	具有良好的体能训练数据分析能力	1	2	3	4	5
A21	具有良好的体能训练伤害防护能力	1	2	3	4	5
A22	具有良好的体能训练安全保护技能（如心肺复苏、运动急救等）	1	2	3	4	5
A23	能对运动员易伤部位进行预防性训练	1	2	3	4	5
A24	能与运动员和教练团队成员建立信任	1	2	3	4	5
A25	能清晰了解团队目标，并合作奋斗	1	2	3	4	5
A26	能与运动员和主教练相互协作	1	2	3	4	5
A27	能主动与主教练、专项教练等进行合作	1	2	3	4	5
A28	能主动倾听团队成员和运动员表达观点	1	2	3	4	5
A29	能与运动员进行有效沟通	1	2	3	4	5
A30	能与教练团队（如主教练、科研教练、运动康复师等）进行有效沟通	1	2	3	4	5
A31	善于倾听沟通中的反馈信息	1	2	3	4	5
A32	具有良好的语言沟通能力（包括口头与非口头语言）	1	2	3	4	5
A33	具有良好的对外交流合作能力	1	2	3	4	5

续表

序号	描述	完全不同意	不同意	一般	同意	完全同意
A34	具有体能训练科研思维与意识	1	2	3	4	5
A35	能用科研思维发现和解决体能训练中的问题	1	2	3	4	5
A36	能进行体能训练相关的科学研究与实践检验	1	2	3	4	5
A37	能根据专项特征主动探索体能训练中的新方法	1	2	3	4	5
A38	具有专项体能训练动作设计能力	1	2	3	4	5
A39	具有良好的自主学习能力	1	2	3	4	5
A40	能够不断和持续地学习体能训练相关的知识	1	2	3	4	5
A41	能始终保持一个成长和开放的学习心态	1	2	3	4	5
A42	具有良好的批判性反思思维	1	2	3	4	5
A43	能对体能训练内容和过程进行反思和总结	1	2	3	4	5
A44	能从自我反思中改进	1	2	3	4	5
A45	能够改进或制作体能训练专用和辅助器材	1	2	3	4	5
A46	能查阅体能训练相关的著作	1	2	3	4	5

附录C 我国竞技体能教练核心素养构成正式量表

尊敬的体能教练：

感谢您填答此问卷，我们正在进行我国竞技体能教练核心素养的内容结构研究，特设计本量表。以下选项是本研究所认为竞技体能教练核心素养应包括的内容结构。如果您"完全不同意"我国竞技体能教练核心素养的某项具体内容，请在"完全不同意"所对应的"1"上打"√"，以此类推。

序号	描述	完全不同意	不同意	一般	同意	完全同意
A1	热爱体能教练岗位	1	2	3	4	5
A2	能够遵守体能教练行为规范	1	2	3	4	5
A3	能够主动关心和爱护运动员	1	2	3	4	5
A4	能够全身心投入体能训练工作中	1	2	3	4	5
A5	能意识到自己从事体能训练工作的价值	1	2	3	4	5
A6	能意识自己通过努力就能实现自身价值	1	2	3	4	5
A7	在运动队从事体能训练工作中，能做到吃苦耐劳，具有奉献精神	1	2	3	4	5
A8	在运动队从事体能训练工作中，能做到知行合一，具有追求卓越的工匠精神	1	2	3	4	5
A9	熟练掌握体能训练运动科学知识（如运动生理学、功能解剖学、运动心理学等）	1	2	3	4	5
A10	熟练掌握体能训练实践性知识（如测试评估、力量、速度等实践性知识）	1	2	3	4	5
A11	具有运动员体能训练需求分析能力	1	2	3	4	5

续表

序号	描述	完全不同意	不同意	一般	同意	完全同意
A12	具有运动项目体能训练需求分析能力	1	2	3	4	5
A13	具有良好的体能训练计划设计与实施的能力	1	2	3	4	5
A14	能熟练运用体能训练方法、手段和仪器设备	1	2	3	4	5
A15	熟练掌握力量、速度、耐力、身体功能训练等运动技能	1	2	3	4	5
A16	具有良好的体能训练动作操作能力	1	2	3	4	5
A17	具有良好的体能训练测试与评估能力	1	2	3	4	5
A18	具有良好的体能训练数据分析能力	1	2	3	4	5
A19	具有良好的体能训练伤害防护能力	1	2	3	4	5
A20	具有良好的体能训练安全保护技能（如心肺复苏、运动急救等）	1	2	3	4	5
A21	能对运动员易伤部位进行预防性训练	1	2	3	4	5
A22	能与运动员和教练团队成员建立信任	1	2	3	4	5
A23	能清晰了解团队目标，并合作奋斗	1	2	3	4	5
A24	能与运动员和主教练相互协作	1	2	3	4	5
A25	能主动与主教练、专项教练等进行合作	1	2	3	4	5
A26	能主动倾听团队成员和运动员表达观点	1	2	3	4	5
A27	能与运动员进行有效沟通	1	2	3	4	5
A28	能与教练团队（如主教练、科研教练、运动康复师等）进行有效沟通	1	2	3	4	5
A29	具有良好的语言沟通能力（包括口头与非口头语言）	1	2	3	4	5
A30	具有良好的对外交流合作能力	1	2	3	4	5
A31	具有体能训练科研思维与意识	1	2	3	4	5
A32	能用科研思维发现和解决体能训练中的问题	1	2	3	4	5
A33	能进行体能训练相关的科学研究与实践检验	1	2	3	4	5

续表

序号	描述	完全不同意	不同意	一般	同意	完全同意
A34	能根据专项特征主动探索体能训练中的新方法	1	2	3	4	5
A35	具有专项体能训练动作设计能力	1	2	3	4	5
A36	具有良好的自主学习能力	1	2	3	4	5
A37	能够不断和持续地学习体能训练相关的知识	1	2	3	4	5
A38	能始终保持一个成长和开放的学习心态	1	2	3	4	5
A39	具有良好的批判性反思思维	1	2	3	4	5
A40	能对体能训练内容和过程进行反思和总结	1	2	3	4	5
A41	能从自我反思中改进	1	2	3	4	5

附录 D　我国竞技体能教练核心素养现状调查

尊敬的体能教练：

您好！感谢您填答此量表。我们正在进行我国竞技体能教练核心素养的现状调查，特设计本量表。本调查量表的数据仅为科学研究所用，不会泄露您的任何资料。

第一部分：基本信息

1. 您的性别（　　）
    A. 男　　　　　　　B. 女
2. 您的学历是（　　）
    A. 本科　　　　　　B. 硕士　　　　　　C. 博士
3. 您的执教时间是（　　）
    A. 5 年及以内　　　B. 6~10 年　　　　 C. 11 年以上
4. 您目前服务的运动员类型是（　　）
    A. 国家队　　　　　B. 职业队　　　　　C. 省专业队

第二部分：现状调查

1. 您对自己的职业和岗位的喜好程度如何（　　）
    A. 非常不喜欢　　　B. 不喜欢　　　　　C. 一般
    D. 喜欢　　　　　　E. 非常喜欢
2 您能否一直遵守体能教练职业行为规范（　　）
    A. 非常不能　　　　B. 不能　　　　　　C. 一般
    D. 能　　　　　　　E. 非常能
3. 您能否一直能够主动关心和爱护运动员（　　）
    A. 非常不能　　　　B. 不能　　　　　　C. 一般
    D. 能　　　　　　　E. 非常能
4. 您对体能训练工作投入的时间和精力程度如何（　　）
    A. 非常少　　　　　B. 少　　　　　　　C. 一般
    D. 多　　　　　　　E. 非常多

5. 您对自己的工作价值认识如何（　　）

　　A. 非常不清楚　　　B. 不清楚　　　　C. 一般

　　D. 清楚　　　　　　E. 非常清楚

6. 您认为通过努力工作就能实现自身价值的程度如何（　　）

　　A. 完全不相信　　　B. 不相信　　　　C. 一般

　　D. 相信　　　　　　E. 完全相信

7. 在体能训练工作中，您能否做到吃苦耐劳，甘于奉献（　　）

　　A. 非常不能　　　　B. 不能　　　　　C. 一般

　　D. 能　　　　　　　E. 非常能

8. 在体能训练工作中，您能否做到知行合一和追求卓越（　　）

　　A. 非常不能　　　　B. 不能　　　　　C. 一般

　　D. 能　　　　　　　E. 非常能

9. 具有良好的体能训练运动科学知识（如运动生理学、功能解剖学、运动心理学等）

　　A. 很差　　　　　　B. 差　　　　　　C. 一般

　　D. 好　　　　　　　E. 很好

10. 具有良好的体能训练实践性知识（如测试评估、力量、速度等实践性知识）（　　）

　　A. 很差　　　　　　B. 差　　　　　　C. 一般

　　D. 好　　　　　　　E. 很好

11. 您认为自己对运动员需求分析能力的水平如何（　　）

　　A. 很低　　　　　　B. 低　　　　　　C. 一般

　　D. 高　　　　　　　E. 很高

12. 您认为自己对运动项目需求分析能力的水平如何（　　）

　　A. 很低　　　　　　B. 低　　　　　　C. 一般

　　D. 高　　　　　　　E. 很高

13. 您认为自己对运动员个性化训练计划设计与实施的能力的水平如何（　　）

　　A. 很低　　　　　　B. 低　　　　　　C. 一般

　　D. 高　　　　　　　E. 很高

14. 您对体能训练方法、手段和仪器设备掌握程度（　　）

　　A. 很低　　　　　　B. 低　　　　　　C. 一般

　　D. 高　　　　　　　E. 很高

15. 您对力量、速度、耐力、身体功能训练等运动技能掌握程度（　　）
    A. 很低　　　　　　B. 低　　　　　　C. 一般
    D. 高　　　　　　　E. 很高

16. 您认为自己在训练中的实践操作能力的水平如何（　　）
    A. 很低　　　　　　B. 低　　　　　　C. 一般
    D. 高　　　　　　　E. 很高

17. 您认为自己对体能训练测试与评估能力的水平如何（　　）
    A. 很低　　　　　　B. 低　　　　　　C. 一般
    D. 高　　　　　　　E. 很高

18. 您认为自己对运动员体能训练的数据分析能力的水平如何（　　）
    A. 很低　　　　　　B. 低　　　　　　C. 一般
    D. 高　　　　　　　E. 很高

19. 您认为自己对常见的运动损伤进行预防、评估和康复训练能力的水平如何（　　）
    A. 很低　　　　　　B. 低　　　　　　C. 一般
    D. 高　　　　　　　E. 很高

20. 您认为自己的体能训练安全保护技能（如心肺复苏、运动急救等）水平如何（　　）
    A. 很低　　　　　　B. 低　　　　　　C. 一般
    D. 高　　　　　　　E. 很高

21. 您对运动员易受伤部位进行预防性训练水平如何（　　）
    A. 很低　　　　　　B. 低　　　　　　C. 一般
    D. 高　　　　　　　E. 很高

22. 您能否与主教练和运动员建立信任（　　）
    A. 非常不能　　　　B. 不能　　　　　C. 一般
    D. 能　　　　　　　E. 非常能

23. 您对团队目标了解如何（　　）
    A. 很不了解　　　　B. 不了解　　　　C. 一般
    D. 了解　　　　　　E. 很了解

24. 您与运动员和教练团队成员相互合作程度如何（　　）
    A. 非常不好　　　　B. 不好　　　　　C. 一般
    D. 好　　　　　　　E. 非常好

25. 能主动与主教练、专项教练等进行合作（　　）
　　A. 非常不能　　　B. 不能　　　　C. 一般
　　D. 能　　　　　　E. 非常能

26. 能主动倾听团队成员和运动员表达观点（　　）
　　A. 非常不能　　　B. 不能　　　　C. 一般
　　D. 能　　　　　　E. 非常能

27. 能与运动员进行有效沟通（　　）
　　A. 非常不能　　　B. 不能　　　　C. 一般
　　D. 能　　　　　　E. 非常能

28. 能与教练团队（如主教练、科研教练、运动康复师等）进行有效沟通（　　）
　　A. 非常不能　　　B. 不能　　　　C. 一般
　　D. 能　　　　　　E. 非常能

29. 具有良好的语言沟通能力（包括口头与非口头语言）（　　）
　　A. 很不符合　　　B. 不符合　　　C. 一般
　　D. 符合　　　　　E. 很符合

30. 具有良好的对外交流合作能力（　　）
　　A. 很不符合　　　B. 不符合　　　C. 一般
　　D. 符合　　　　　E. 很符合

31. 具有良好体能训练科研思维与意识（　　）
　　A. 很不符合　　　B. 不符合　　　C. 一般
　　D. 符合　　　　　E. 很符合

32. 您经常用科研思维发现和解决体能训练中的问题（　　）
　　A. 很不符合　　　B. 不符合　　　C. 一般
　　D. 符合　　　　　E. 很符合

33. 您能进行体能训练相关的科学研究与实践检验（　　）
　　A. 完全不能　　　B. 不能　　　　C. 一般
　　D. 能　　　　　　E. 完全能

34. 您能根据专项特征主动探索体能训练中的新方法（　　）
　　A. 完全不能　　　B. 不能　　　　C. 一般
　　D. 能　　　　　　E. 完全能

35. 具有良好的专项体能训练动作设计能力（　　）
　　A. 很不符合　　　B. 不符合　　　C. 一般

D. 符合 　　　　　　E. 很符合

36. 具有良好的自主学习能力(　　)
    A. 很不符合　　B. 不符合　　　C. 一般
    D. 符合　　　　E. 很符合

37. 能够不断和持续地学习体能训练相关的知识(　　)
    A. 完全不能　　B. 不能　　　　C. 一般
    D. 能　　　　　E. 完全能

38. 能始终保持一个成长和开放的学习心态(　　)
    A. 完全不能　　B. 不能　　　　C. 一般
    D. 能　　　　　E. 完全能

39. 具有良好的批判性反思思维(　　)
    A. 很不符合　　B. 不符合　　　C. 一般
    D. 符合　　　　E. 很符合

40. 您能对体能训练内容和过程进行反思和总结(　　)
    A. 很不能　　　B. 不能　　　　C. 一般
    D. 能　　　　　E. 很能

41. 您能从自我反思中改进和提高(　　)
    A. 很不能　　　B. 不能　　　　C. 一般
    D. 能　　　　　E. 很能

附录E 我国竞技体能教练成就动机和职业环境调查量表

尊敬的体能教练：

感谢您填答此量表。我们正在进行我国竞技体能教练成就动机和职业环境的相关研究，特设计本量表。本调查问卷的数据仅为科学研究所用，不会泄露您的任何资料。

第一部分：基本信息

1. 您的性别（　　）
   - A. 男　　　　　　　B. 女
2. 您的学历（　　）
   - A. 本科　　　　　　B. 硕士　　　　　　C. 博士
3. 您的执教时间是（　　）
   - A. 5年及以内　　　 B. 6～10年　　　　 C. 11年以上
4. 您目前服务的运动员类型是（　　）
   - A. 国家队　　　　　B. 职业队　　　　　C. 省队

第二部分：成就动机量表

1. 比别的同事做得更好是我的追求（　　）
   - A. 不符合　　　　　B. 有些不符合　　　C. 不确定
   - D. 有些符合　　　　E. 符合
2. 我一直努力来证明我的能力比大多数同事强（　　）
   - A. 不符合　　　　　B. 有些不符合　　　C. 不确定
   - D. 有些符合　　　　E. 符合
3. 我努力工作，以证明自己能力过人（　　）
   - A. 不符合　　　　　B. 有些不符合　　　C. 不确定
   - D. 有些符合　　　　E. 符合
4. 我的人生目标是超过同辈人（　　）
   - A. 不符合　　　　　B. 有些不符合　　　C. 不确定
   - D. 有些符合　　　　E. 符合

5. 获得大多数同事和社会上的人的尊重和认可,对我的人生至关重要(　　)
   A. 不符合　　　　B. 有些不符合　　　C. 不确定
   D. 有些符合　　　E. 符合

6. 我之所以努力工作,是因为高业绩意味着我有能力超过别人(　　)
   A. 不符合　　　　B. 有些不符合　　　C. 不确定
   D. 有些符合　　　E. 符合

7. 我很少想要与谁比高低,但通过努力使自己的能力得以不断提高,是我重要的工作能力(　　)
   A. 不符合　　　　B. 有些不符合　　　C. 不确定
   D. 有些符合　　　E. 符合

8. 我之所以努力工作,是因为工作能让我的能力得以发挥(　　)
   A. 不符合　　　　B. 有些不符合　　　C. 不确定
   D. 有些符合　　　E. 符合

9. 我希望自己能在工作领域中逐渐游刃有余,这将强烈地激发着我的干劲(　　)
   A. 不符合　　　　B. 有些不符合　　　C. 不确定
   D. 有些符合　　　E. 符合

10. 我喜欢挑战性工作,是因为它能扩展我的知识和人生阅历(　　)
    A. 不符合　　　　B. 有些不符合　　　C. 不确定
    D. 有些符合　　　E. 符合

11. 我工作并不是为了超过别人,而是为了不断提高自己(　　)
    A. 不符合　　　　B. 有些不符合　　　C. 不确定
    D. 有些符合　　　E. 符合

12. 我相信人生最大的价值不是超过别人,而是不断超越自己(　　)
    A. 不符合　　　　B. 有些不符合　　　C. 不确定
    D. 有些符合　　　E. 符合

第三部分:职业环境量表

1. 您对建立《我国竞技体能教练专业素养标准》的态度是(　　)
   A. 很不支持　　　B. 不支持　　　　C. 一般
   D. 支持　　　　　E. 非常支持

2. 您对在我国运动项目设置专门的体能教练岗位和编制的态度是( )

    A. 很不支持　　　　B. 不支持　　　　C. 一般

    D. 支持　　　　　　E. 非常支持

3. 您认为体能教练教育课程体系对竞技体能教练核心素养发展的影响( )

    A. 完全没影响　　　B. 不影响　　　　C. 一般

    D. 有影响　　　　　E. 非常有影响

4. 您认为竞技体能教练认证制度对核心素养发展的影响是( )

    A. 完全没影响　　　B. 不影响　　　　C. 一般

    D. 有影响　　　　　E. 非常有影响

5. 我所在的运动队有(体能)教练员专业能力提升的计划( )

    A. 很不符合　　　　B. 不符合　　　　C. 一般

    D. 符合　　　　　　E. 很符合

6. 我所在的队经常组织同事和专家相互学习和交流经验( )

    A. 很不符合　　　　B. 不符合　　　　C. 一般

    D. 符合　　　　　　E. 很符合

7. 我所在的运动队有比较完善的体能教练管理制度( )

    A. 很不符合　　　　B. 不符合　　　　C. 一般

    D. 符合　　　　　　E. 很符合

8. 我所在运动队经常有参加继续教育的机会( )

    A. 很不符合　　　　B. 不符合　　　　C. 一般

    D. 符合　　　　　　E. 很符合

9. 我所在的运动队主管领导和主教练很支持我的工作( )

    A. 很不符合　　　　B. 不符合　　　　C. 一般

    D. 符合　　　　　　E. 很符合

后 记

　　本文是在我的博士生导师周爱国教授全力支持和精心指导下顺利完成的。在撰写过程中,导师亲自帮我联系国内知名体能训练专家进行访谈,帮我联系国家队体能教练进行问卷发放……

　　本文在撰写、修改和完善过程中得到了李卫教授、李春雷教授、魏宏文教授、陈小平教授、高炳宏教授、尹军教授、刘昕教授、米靖教授、包大鹏教授、马新东教授、曹景伟教授、方千华教授、张辉教授、任弘教授、高峰教授、张力为教授、石岩教授等的指导,在此深表谢意!

　　感谢参与本文调查的国家队、省专业队和职业队的体能教练,没有你们的支持和帮助,是不可能完成本文撰写的,在此深表谢意!

　　感谢同门的谢永民博士、赵海波博士、郎殿栋博士、王龙博士、张瑞博士等的支持,在此深表谢意!

　　感谢我的家人在本文撰写过程中提供的无私支持和全力帮助,你们的爱和支持是我不断前进的动力。